Unsere Beziehungen nach dem Heiligen und
Großen Konzil von Kreta 2016

Beihefte zur Ökumenischen Rundschau Nr. 145

Unsere Beziehungen nach dem Heiligen und Großen Konzil von Kreta 2016
XVIII. Begegnung im bilateralen theologischen Dialog zwischen der Evangelischen Kirche in Deutschland und dem Ökumenischen Patriarchat

Herausgegeben von Petra Bosse-Huber, Konstantinos Vliagkoftis und Wolfram Langpape

EVANGELISCHE VERLAGSANSTALT
Leipzig

Die Deutsche Nationalbibliothek verzeichnet diese Publikation in der
Deutschen Nationalbibliographie; detaillierte bibliographische Daten
sind im Internet über http://dnb.dnb.de abrufbar.

© 2025 by Evangelische Verlagsanstalt GmbH · Blumenstr. 76 · 04155 Leipzig
Printed in Germany

Der Verlag behält sich die Verwertung des urheberrechtlich geschützten
Inhalts dieses Werkes für Zwecke des Text- und Data-Minings nach § 44 b UrhG
ausdrücklich vor. Jegliche unbefugte Nutzung ist hiermit ausgeschlossen.

Das Buch wurde auf alterungsbeständigem Papier gedruckt.

Bei Fragen zur Produktsicherheit wenden Sie sich bitte an info@eva-leipzig.de.

Cover: Kai-Michael Gustmann, Leipzig
Satz: Steffi Glauche, Leipzig
Druck und Binden: BELTZ Grafische Betriebe GmbH, Bad Langensalza

ISBN 78-3-374-07831-8 // eISBN (PDF) 978-3-374-07832-5
www.eva-leipzig.de

Vorwort

Das Heilige und Große Konzil der Orthodoxen Kirche, das 2016 auf Kreta, Griechenland, stattfand, gehört zu den aktuell bedeutendsten Ereignissen im Leben der weltweiten orthodoxen Christenheit. Schon vor und während des Konzils wurde um seine Deutung und Einordnung vehement gerungen. Die Dialogbegegnung zwischen dem Ökumenischen Patriarchat und der Evangelischen Kirche in Deutschland (EKD), die im vorliegenden Band dokumentiert ist, versteht sich selbst als Teil dieses Deutungs- und Einordnungsprozesses.

Insbesondere widmete sich dieser Austausch der Frage nach der Bedeutung des Konzils für die ökumenischen Beziehungen zwischen Orthodoxie und Protestantismus. Lassen sich die Konzilsdokumente lesen als Bekenntnis zu einer offenen Ekklesiologie, die trotz der Identifikation der orthodoxen Kirche mit der einen, heiligen, katholischen und apostolischen Kirche des Glaubensbekenntnisses eine Offenheit lässt für ein ekklesiales Verständnis der nicht-orthodoxen Christenheit? Explizit gestellt haben diese Frage im Rahmen der Dialogbegegnung die Beiträge von Marina Kiroudi und Andreas Müller – doch letztlich durchzieht diese Fragestellung die Mehrheit der Vorträge und Diskussionen.

Konstantinos Delikostantis betont den Aufbruchs-Charakter der Konzilstexte und hebt in seinem Vortrag die diakonische Dimension hervor, die eine Offenheit für ein tätiges Zusammenwirken der Kirchen in sich trägt. Reinhard Flogaus verweist auf die wichtigen theologischen Fragen des Filioque und der Lehre von den göttlichen Energien, zu deren vertiefter Auseinandersetzung in der ökumenischen Diskussion das Konzil gerade dadurch einlädt, dass es in der Geschichte konkrete Konzilien »von universaler Geltung« identifiziert. Andreas Müller und Marina Kiroudi heben beide – aus je eigener Blickrichtung – hervor, dass das Konzil aufruft zur ökumenischen Beschäftigung mit Grundfragen der Ekklesiologie, im Bewusstsein der Berufung der ganzen Menschheit zur Einheit in Christus. Mit der Schrift »Für das Leben der Welt« widmen sich Elisabeth Gräb-Schmidt und Georgios Vlantis der unmittelbaren Nachgeschichte des Konzils. Georgios Vlantis stellt heraus, dass mit dieser Schrift eine bemerkenswerte sozialethische Auseinandersetzung der Orthodoxie mit zentralen Fragen der Gegenwart vorliegt, der darin von großer ökumenischer Bedeutung ist. Elisabeth Gräb-Schmidt nimmt diese ökumenische Bedeutung auf, indem sie in den Fragen menschlicher Freiheit und der Rolle gottmenschlicher Synergie die in evangelischen und orthodoxen ethischen Ausführungen gleichermaßen bestimmende unhintergehbare christologische Vermittlung herausstellt.

Bei der Lektüre der folgenden Dokumentation der Begegnung in Berlin im Oktober 2022 wird man sich ein eigenes Bild zu den diskutierten Fragen und der Wahrnehmung der Ekklesiologie der Konzilsdokumente machen. Wir sind zuversichtlich, dass dieser Band die wechselseitige Offenheit, die von den am Dialog Beteiligten in der Begegnung und dem Austausch erfahren wurde, mit sich tragen und damit in die Breite der beiden Kirchen hineinwirken kann.

Petra Bosse-Huber, Konstantinos Vliagkoftis und Wolfram Langpape

Inhalt

Kommuniqué der achtzehnten
Dialogbegegnung (Konstantinopel XVIII)....................... 9

Segen Seiner Allheiligkeit des Erzbischofs von
Konstantinopel-Neues Rom und Ökumenischen
Patriarchen Bartholomaios................................ 17

Segen der Vorsitzenden des Rates der EKD
Präses Dr. hc. Annette Kurschus........................... 19

Eröffnung und Einführung in das Thema durch
die Delegationsleiterin der EKD........................... 21
Bischöfin Petra Bosse-Huber

Einführende Bemerkungen des Leiters der Delegation
des Ökumenischen Patriarchats............................ 24
Metropolit Dr. hc. mult. Augoustinos (Labardakis) von Deutschland

Dialogische Bibelarbeit.................................. 29
Dr. Joachim Vette / Erzpriester Dr. Georgios Basioudis

Das Zeugnis der Orthodoxie zwischen Kontinuität
und Aktualität. Werden und Wertung des Konzilsdokuments
»Der Auftrag der Orthodoxen Kirche in der heutigen Welt«........ 36
Prof. Dr. Konstantinos Delikostantis

»Konzilien von universaler Geltung« und ihre Bedeutung für
den ökumenischen Dialog. 47
PD Dr. Reinhard Flogaus

Die Haltung des Heiligen und Großen Konzils in Kreta 2016
zur Ökumene. 79
Prof. Dr. Andreas Müller

»... um die Einheit aller lasst uns den Herrn bitten.«
Reflexionen zu den innerchristlichen Beziehungen
nach Kreta (2016). 93
Dr. Marina Kiroudi

Mut und Gemeinschaft.
Einführung in das Dokument »Für das Leben der Welt«. 104
Georgios Vlantis, M.Th.

Autonomie und Freiheit in ökumenischer Perspektive. 113
Prof. Dr. Elisabeth Gräb-Schmidt

Die Autorinnen und Autoren. 128

Kommuniqué der achtzehnten Dialogbegegnung des Ökumenischen Patriarchats und der Evangelischen Kirche in Deutschland (Konstantinopel XVIII)

Berlin, 3.–7. Oktober 2022

Thema: »Unsere Beziehungen nach dem Heiligen und Großen Konzil von Kreta 2016«

»Euer Licht leuchte vor den Leuten, dass sie eure guten Werke sehen und euren Vater im Himmel preisen.« (Mt 5,16)

»οὕτω λαμψάτω τὸ φῶς ὑμῶν ἔμπροσθεν τῶν ἀνθρώπων, ὅπως ἴδωσιν ὑμῶν τὰ καλὰ ἔργα καὶ δοξάσωσι τὸν πατέρα ὑμῶν τὸν ἐν τοῖς οὐρανοῖς.« (Mt 5,16)

I.

Versammelt im Namen Gottes des Vaters und des Sohnes und des Heiligen Geistes fand vom 3. bis 7. Oktober 2022 auf Einladung der Evangelischen Kirche in Deutschland (EKD) die 18. Dialogbegegnung von Theologinnen und Theologen des Ökumenischen Patriarchats und der EKD in Berlin im Tagungshotel Dietrich-Bonhoeffer-Haus statt.

II.

A. Die Delegation der Evangelischen Kirche in Deutschland bestand aus:
   Bischöfin Petra Bosse-Huber, Hannover (Leiterin der Delegation)
   Privatdozent Dr. Reinhard Flogaus, Berlin
   Pfarrerin Prof. Dr. Elisabeth Gräb-Schmidt, Tübingen
   Pfarrer Prof. Dr. Hans-Peter Großhans, Münster
   Pfarrer Prof. Dr. Christof Landmesser, Tübingen
   Pfarrer Prof. Dr. Andreas Müller, Kiel
   Pfarrerin Andrea Schweizer, Karlsruhe
   Pfarrer Dr. Joachim Vette, Mannheim
   Oberkirchenrat Dr. Wolfram Langpape, Hannover (Geschäftsführung)

B. Die Delegation des Ökumenischen Patriarchats bestand aus:
Metropolit Dr. h. c. mult. Augoustinos von Deutschland, Bonn (Leiter der Delegation)
Bischof Ambrosius von Argyroupolis, Bonn
Erzpriester des Ökumenischen Patriarchats Constantin Miron, M. Th., Brühl
Erzpriester Dr. Georgios Basioudis, Mannheim
Diakon Oecumenius Amanatidis, Kodexschreiber der Heiligen Synode des Ökumenischen Patriarchats, Istanbul
Prof. em. Dr. Konstantinos Delikostantis, Direktor des Ersten Patriarchalbüros, Istanbul/Athen
Prof. Dr. Konstantinos Nikolakopoulos, München
Dr. Marina Kiroudi, Bonn
Dipl.-Theol. Georgios Vlantis, M. Th., München
Dr. Konstantinos Vliagkoftis, Bonn (Geschäftsführung)

Als Gäste nahmen Pfarrer Dr. Dr. Vladimír Kmec, Berlin (Evangelische Kirche Berlin-Brandenburg-schlesische Oberlausitz) und Paulien Wagener, Halle/Saale (Junges Forum Orthodoxie) an der Begegnung teil.

Aus Anlass der Begegnung sandten Präses Dr. h. c. Annette Kurschus, Ratsvorsitzende der EKD, und Seine Allheiligkeit der Ökumenische Patriarch Bartholomaios I. ihre Grußbotschaften und Segenswünsche an die Delegierten.

Am Eröffnungsabend überbrachten Bischöfin Petra Bosse-Huber, Bischof Dr. Christian Stäblein (Evangelische Kirche Berlin-Brandenburg-schlesische Oberlausitz), Metropolit Augoustinos und Gesandter Ioannis Ioannidis (Griechische Botschaft) ihre Grüße.

Während der Tagung wurden die Arbeiten mit einem Morgengebet begonnen und mit einem Abendgebet beschlossen, die jeweils von evangelischer oder orthodoxer Seite geleitet wurden.

Der inhaltliche Austausch wurde eröffnet mit einer Einführung in das Thema der Begegnung durch beide Delegationsleitenden.

Am Dienstagabend trafen sich die Delegationen im Berliner Dom zu einer Bibelarbeit, in der Psalm 80[81] und Apostelgeschichte 16 im Mittelpunkt standen.

Am Mittwochabend waren die Delegationen zu Gast bei der orthodoxen Kirchengemeinde Christi Himmelfahrt zu Berlin.

Am Donnerstag besuchten sie die Erinnerungs- und Begegnungsstätte Bonhoefferhaus und die Gedenkstätte Deutscher Widerstand. Außerdem waren sie zu einem Gespräch in der Dienststelle Berlin der Bevollmächtigten des Rates der EKD bei der Bundesrepublik Deutschland und der Europäischen Union eingeladen.

III.

Das Thema der Begegnung war: »Unsere Beziehungen nach dem Heiligen und Großen Konzil von Kreta 2016«. Es wurde in folgenden Referaten und Beiträgen von evangelischer und orthodoxer Seite entfaltet:

Prof. em. Dr. Konstantinos Delikostantis: *Das Zeugnis der Orthodoxie zwischen Kontinuität und Aktualität. Werden und Wertung des Konzilsdokuments »Der Auftrag der Orthodoxen Kirche in der heutigen Welt«.*

Privatdozent Dr. Reinhard Flogaus: *»Konzilien von universaler Geltung« und ihre Bedeutung für den ökumenischen Dialog.*

Prof. Dr. Andreas Müller: *Die Haltung des Heiligen und Großen Konzils in Kreta 2016 zur Ökumene.*

Dr. Marina Kiroudi: *»… um die Einheit aller lasst uns den Herrn bitten.« Reflexionen zu den innerchristlichen Beziehungen nach Kreta (2016).*

Dipl.-theol. Georgios Vlantis, M. Th.: *Mut und Gemeinschaft. Einführung in das Dokument »Für das Leben der Welt«.*

Prof. Dr. Elisabeth Gräb-Schmidt: *Autonomie und Freiheit in ökumenischer Perspektive.*

IV.

Im Folgenden werden in Kurzform die Referate wiedergegeben:
In seinem Referat mit dem Titel *Das Zeugnis der Orthodoxie zwischen Kontinuität und Aktualität. Werden und Wertung des Konzilstextes »Der Auftrag der Orthodoxen Kirche in der heutigen Welt«* berichtete Konstantinos Delikostantis, der selbst bei der Überarbeitung der Konzilsdokumente in der letzten Phase der Vorbereitung mitgearbeitet hat, von der Entstehungsgeschichte, den Revisionen und der Finalisierung der Vorlage des in Kreta beschlossenen Textes. Das Dokument gibt Antworten der Orthodoxen Kirche auf Fragen wie der nach der Würde der menschlichen Person, der Freiheit und Verantwortung, des Friedens in Gerechtigkeit, der Ab-

wendung des Krieges, der nach dem Umgang mit Diskriminierungen sowie der nach der Aufgabe der Orthodoxen Kirche als dienendem Zeugnis der Liebe. Darin werden die wichtigsten Herausforderungen behandelt, mit denen die Kirche heute konfrontiert ist. Delikostantis stellte fest, dass sich trotz einer konservativeren Ausrichtung des beschlossenen Konzilstextes im Vergleich zum ersten Entwurf der Geist des Textes nicht geändert hat; er wurde sogar bereichert. Die Aussagen des Textes haben eine theologische Fundierung mit Verweis auf das biblische und das patristische Zeugnis und eine starke soziale Ausrichtung, die die christliche Diakonie als einen wesentlichen Ausdruck des kirchlichen Lebens, als »Liturgie nach der Liturgie«, sieht. Er warf einen Blick auf die Reaktionen, die der Text hervorgerufen hat: Es wurden die Meinungen geäußert, dass er einen Aufbruch zur Welt, bestenfalls einen ersten Schritt oder eine kontrollierte Öffnung, darstellt. Einzelne evangelische Kommentatoren hoben Divergenzen in ethischen Fragen hervor, die eine Verständigung schwierig machen. Es wird unterstrichen, dass dieses auch für evangelische Theologen äußerst interessante Dokument zukünftig fruchtbare ethische Diskussionen zwischen den Kirchen nähren wird.

Reinhard Flogaus befasste sich in seinem Referat mit den in der *Enzyklika* der Heiligen und Großen Synode der Orthodoxen Kirche aufgeführten Konzilien »von universaler Geltung« und deren Bedeutung für den ökumenischen Dialog. Er führte aus, dass nach orthodoxem Verständnis die Kirche selbst konziliaren Charakter hat und sich die konziliare Tradition von der Alten Kirche bis in die Gegenwart fortsetzt. Die in der *Enzyklika* von Kreta aufgeführte Liste von Konzilien, welche neben den sieben Ökumenischen Konzilien aufgeführt werden, ist von einiger Brisanz, da sich fast alle mehr oder minder deutlich von den theologischen Traditionen des Westens abgegrenzt haben. Allerdings sind diese Konzilien hinsichtlich ihrer Zusammensetzung, ihrer Dauer und ihrer Thematik sehr unterschiedlich. Aus protestantischer Perspektive nur schwer verständlich ist, warum zu diesen Konzilien »von universaler Geltung« auch vier antiprotestantische Synoden des 17. Jahrhunderts gerechnet werden, welche den damals starken Einfluss der römisch-katholischen Theologie auf die Orthodoxe Kirche belegen. Im Rahmen des ökumenischen Dialogs ist eine Beschäftigung mit der Filioque-Problematik sowie mit der Lehre von den göttlichen Energien wünschenswert, da sich jeweils gleich mehrere dieser Konzilien mit diesen beiden Themen befasst haben.

Andreas Müller analysierte in seinem Referat den Umgang der Konzilsdokumente mit der Ökumene. Er machte deutlich, dass in den das Konzil vorbereitenden Dokumenten die orthodoxe Ekklesiologie nach 1986 zunehmend exklusivistische Züge annahm. Innerhalb der Konzilstexte spiegelt das Dokument zu den Beziehungen mit der übrigen christlichen Welt den langen Diskussionsprozess über die Haltung der Orthodoxie zur Ökumene wider, während die *Botschaft* und die *Enzyklika* besonders auf die antiökumenischen Strömungen reagieren und ekklesiologisch enger argumentieren. Auch in *Für das Leben der Welt* wird die exklusivistische Ekklesiologie nicht grundsätzlich aufgebrochen. Der bilaterale Dialog der EKD mit dem Ökumenischen Patriarchat hat sich daher unbedingt weiter mit ekklesiologischen Grundfragen zu beschäftigen.

Marina Kiroudi reflektierte die Ekklesiologie des Konzilsdokuments *Beziehungen der Orthodoxen Kirche zur übrigen christlichen Welt*. Dabei handelt es sich um den ersten auf der Ebene der Weltorthodoxie erarbeiteten und konziliar beschlossenen Text zur ökumenischen Zusammenarbeit. Das Verständnis der Orthodoxen Kirche als »der einen, heiligen, katholischen und apostolischen Kirche« in Treue zur Überlieferung der Ökumenischen Konzile ist zugleich der Urgrund ihres ökumenischen Wirkens. In Ergänzung des Dokuments konkretisiert die Enzyklika des Konzils die Kirche als Leib Christi, als »eine Erfahrung des Eschaton in der heiligen Eucharistie« und »Zeugnis von Gottes Königtum«. Das im Dokument herangezogene Gebet »zur Einigung aller« bezeichnet einen Auftrag, der die Berufung der ganzen Menschheit zur Einheit in Christus umfasst. Trotz der Spannung zwischen der ontologischen Einheit der Kirche und dem Paradoxon der Vielfalt, die das Dokument durchzieht, spricht sich das Dokument eindeutig für die ökumenische Zusammenarbeit aus.

In seinem Referat stellte Georgios Vlantis dar, dass das im März 2020 erschienene Dokument des Ökumenischen Patriarchats *Für das Leben der Welt. Auf dem Weg zu einem Sozialethos der Orthodoxen Kirche* zu den anregendsten orthodoxen Texten der letzten Jahre gehört. Es verdankt sich der Dynamik, die aus dem Heiligen und Großen Konzil der Orthodoxen Kirche entstanden ist. Es geht um einen gewichtigen theologischen Impuls, der die Rückendeckung der Kirche von Konstantinopel als Anregung für eine weitere sozialethische Diskussion genießt. Das Dokument bespricht ein sehr breites Themenspektrum (die Kirche im öffentlichen Raum; der Lauf des menschlichen Lebens; Armut, Reichtum und bürgerliche Gerechtigkeit; Krieg, Frieden und Gewalt; ökumenische Beziehungen und Beziehungen zu anderen Religionen; Orthodoxie und Menschenrechte; Wissenschaft, Technik, Umwelt und Natur). Es fasst sozialethische Einsichten anspruchsvoller orthodoxer akademischer Theologie der letzten Jahrzehnte zusammen und legt Zeugnis von einer offenen, mutigen, dialogfähigen Theologie ab, die dadurch auch ökumenisch fruchtbar sein möchte.

Elisabeth Gräb-Schmidt befasste sich in ihrem Referat mit *Autonomie und Freiheit in ökumenischer Perspektive*. In den Dokumenten des Heiligen und Großen Konzils von Kreta werden in der Enzyklika die gegenwärtigen Herausforderungen benannt, zu denen – auch im Kontext der Säkularisierung – insbesondere die Autonomie gehört. An der Freiheit des Menschen sind alle christlichen Konfessionen interessiert. Es ist aber die Frage, wie diese zu gewinnen und zu erhalten ist. Auf beiden Seiten – reformatorisch und orthodox – wird das Barmherzigkeitshandeln Gottes als dem menschlichen Handeln vorhergehend angesehen. Für beide gilt aber eben auch: An der Freiheit des Menschen muss festgehalten werden. Sie bewährt sich durch die neue innere Disposition (Herzensstellung) des Menschen. Richtschnur der Entdeckung der Freiheit ist schließlich die Liebe, die aus der Vereinigung mit Christus fließt. Freiheit ist daher keine Eigenschaft und kein Vermögen des Menschen. Sie ist Vollzug angemessener Gottesbeziehung, die durch Christi Heilswerk je und je ermöglicht wird. Im Dialog über mögliche Konkretisierungen des Freiheitsvollzugs in seinen konfessionellen Akzentuierungen wäre eine Präzisierung der Autonomie in christlicher Sicht zu erwarten.

V.

Das Heilige und Große Konzil der Orthodoxen Kirche, das 2016 auf Kreta stattgefunden hat, stellt ein authentisches Zeugnis des synodalen Lebens der Orthodoxen Kirche dar. Seine Ergebnisse, die in den Konzilsdokumenten Niederschlag gefunden haben, betreffen das orthodoxe kirchliche Leben in der Welt von heute, haben aber auch in die weltweite Ökumene hinein Ausstrahlungskraft.

In unserer Dialogbegegnung haben wir die Konzilstexte *Der Auftrag der Orthodoxen Kirche in der heutigen Welt* und *Die Beziehungen der Orthodoxen Kirche zur übrigen christlichen Welt* in den Mittelpunkt unserer Beratungen gestellt sowie das nach dem Konzil verfasste Dokument *Für das Leben der Welt: Auf dem Weg zu einem Sozialethos der Orthodoxen Kirche (FLW)*.

In der Begegnung wurden die Konzilstexte in ihrer ökumenischen Bedeutung kritisch gewürdigt, aber auch einzelne Punkte thematisiert, die einer weiteren Diskussion bedürfen. Begrüßt wurden außerdem dialogische Impulse, die die Konzilstexte signalisieren. Die gemeinsame Überzeugung wurde ausgesprochen, dass sie eine breite Rezeption erfahren sollten. Insgesamt spiegeln die besprochenen Dokumente einen Diskussionsprozess wider, der einen in die Zukunft offenen Weg beschreibt. Besonders in FLW ist ein spürbarer Aufbruch in der Beschäftigung der orthodoxen Theologie mit den Herausforderungen der Gegenwart markiert. Die Delegationen begrüßen die Verpflichtung zu Ökumene und Dialog, die vom Konzil ausgegangen ist. Die 18. Dialogbegegnung versteht sich als Teil des Rezeptionsprozesses des Konzils und seiner Dokumente.

Die Diskussion über die vielfältigen Themen, die die Konzilsdokumente bzw. *FLW* behandeln (wie die Schöpfungstheologie, die spätere konziliare Tradition der Orthodoxen Kirche, die Würdigung der Menschenrechte, die Einstellung der Kirche zum weltanschaulich neutralen Staat, das Verhältnis der Kirche zur Wissenschaft, das Diakonat der Frauen), wurde in der Dialogbegegnung begonnen. Besonders ausführlich diskutiert wurde anhand des Dokuments *Die Beziehungen der Orthodoxen Kirche zur übrigen christlichen Welt* die Identifikation der Orthodoxen Kirche mit der einen, heiligen, katholischen und apostolischen Kirche des Glaubensbekenntnisses. Diese Identifikation wird in der Eucharistie bereits gegenwärtig erfahren und ihre Verwirklichung wird in Treue zur apostolischen Tradition in der Gegenwart gelebt. Zugleich stellt sie eine eschatologische Größe dar. Erörtert wurde ein Verständnis der Kirche auf dem Weg zur vollen Verwirklichung ihrer eschatologischen Gestalt. Die evangelische Seite begrüßte ein solches nicht-exklusivistisches Verständnis und beide Seiten sprachen den Wunsch aus, dieser Frage in weiteren Dialogbegegnungen nachzugehen.

Passagen mit einer starken sozialen Ausrichtung in den Konzilsdoku menten und *FLW* wurden von den evangelischen Delegationsmitgliedern als sehr bereichernd wahrgenommen. Ihre Suchbewegung nach der Konkretisierung der eschatologischen Erfahrung in der Gegenwart gestaltet die Kirche im ganzen kirchlichen Leben als Zeugnis und Diakonie. Die Delegationen sprachen sich dafür aus, die »Liturgie nach der Liturgie«, auch in gemeinsamen diakonischen Aktivitäten der Kirchen, als Erfahrung des Miteinander-auf-dem-Weg-Seins der Kirchen zu intensivieren.

Die Frage, ob beide Kirchen in ihrer Sozialethik auf ein gemeinsames Grundverständnis der menschlichen Person und ihrer Autonomie als handelndem Subjekt aufbauen können, führte in die Diskussion der Synergie innerhalb des Heilshandelns Gottes. Einigkeit herrschte darüber, dass der Schöpfer ein Ziel mit der Schöpfung verfolgt und er die Schöpfung souverän zu diesem Ziel führt. Beide Seiten hielten fest, dass der Mensch in Bezug auf das Heil nichts tun kann ohne die Gnade Gottes. Sinnbild für den Empfang des Heils ist die Eucharistie: Trotz aller Vorbereitung ist der Mensch niemals des Empfangs dieser Gaben würdig. Deshalb empfängt er sie immer als Geschenk, das auf menschlicher Seite zur Haltung der Freude und Dankbarkeit führt.

VI.

Die Delegationen danken herzlich S. E. Bischof Emmanuel von Christoupolis und Oberkirchenrat Dr. Stephan Iro für die Gastfreundschaft.

Die Delegationen begrüßen die Beteiligung junger Theologinnen und Theologen am Dialog.

VII.

Aufgrund der gelungenen und fruchtbringenden Gespräche dieser Begegnung empfehlen beide Delegationen nachdrücklich ihren Kirchenleitungen die zeitnahe Weiterarbeit im Dialog. Außerdem bitten sie ihre Kirchenleitungen, die Ergebnisse dieser Begegnung zu veröffentlichen, und äußern den nachdrücklichen Wunsch, die Rezeption der Dialoge in den Kirchen auf den Ebenen von theologischer Ausbildung und Fortbildung ebenso wie auf gemeindlicher und regionaler Ebene zu fördern und den bilateralen Dialog weiterzuführen.

Berlin, den 7. Oktober 2022

Für die Evangelische Kirche in Deutschland	Für das Ökumenische Patriarchat
[Unterschrift: Petra Bosse-Huber]	*[Unterschrift auf Griechisch]*
Bischöfin Petra Bosse-Huber Vizepräsidentin des Kirchenamts und Leiterin der Hauptabteilung für Ökumene und Auslandsarbeit der EKD	Metropolit Dr. h.c. mult. Augoustinos von Deutschland, Exarch von Zentraleuropa

Segen Seiner Allheiligkeit des Erzbischofs von Konstantinopel-Neues Rom und Ökumenischen Patriarchen Bartholomaios

Liebe Brüder und Schwestern in Christo,

wir grüßen Sie alle sehr herzlich aus dem Phanar und wünschen der 18. Begegnung von Theologen und Theologinnen der EKD und des Ökumenischen Patriarchats in Berlin den besten Erfolg.

Der Fortschritt der ökumenischen Dialoge ist für uns eine Quelle von Dankbarkeit und Freude. In den 31 Jahren als Ökumenischer Patriarch haben wir für die Förderung dieser Dialoge und der Annäherung der christlichen Kirchen gearbeitet, auf den Spuren unseres großen Vorgängers Patriarch Athenagoras und des Metropoliten von Chalkedon Meliton, unseres geistlichen Vaters und Mentors. Sie beide, die in ihrem kirchlichen Wirken die Treue zur Tradition und die Offenheit zur Welt in schöpferischer Weise verbanden, haben die Gestalt der zeitgenössischen Orthodoxie geprägt.

Wir sind überzeugt, dass das Heilige und Große Konzil der Orthodoxen Kirche, das als »gemeinsames Ziel aller« in den theologischen Dialogen »die endgültige Wiederherstellung der Einheit im wahren Glauben und in der wahren Liebe« verkündete, trotz anderslautender Stimmen, diesen ökumenischen Geist gestärkt hat.

Das Konzil von Kreta stellt ein wichtiges Kapitel in der Geschichte der Orthodoxen Kirche dar und seine Texte sind ein kostbarer Schatz für das Volk Gottes. Sie dokumentieren die Treue unserer Kirche zur Tradition der einen ungespaltenen Christenheit, sie betreffen die Struktur und die Organisation der Kirche, das sakramentale und spirituelle Leben, ihre Beziehungen mit der übrigen christlichen Welt und ihren Auftrag angesichts der heutigen Gegebenheiten und Herausforderungen. Wir sind überzeugt, dass die Begegnung in Berlin den Wert dieser Texte auch für unseren theologischen Dialog und für ein gemeinsames christliches Zeugnis herausstellen wird. In diesem Sinne, sprechen wir der EKD unseren aufrichtigen Dank für die Wahl der Thematik dieses Treffens aus.

Auch möchten wir an die Solidarität der EKD mit den griechisch-orthodoxen Einwanderern in ihrem Lande erinnern, an dieses Zeichen gelebter Ökumene. Bei unserem Besuch in Tübingen im Jahre 2017 haben wir unseren Bruder Augoustinos, den Metropoliten von Deutschland, als »Zeugen« dieser Solidarität bezeichnet, der »besser als jeder andere diese wunderbare Geschichte der Menschlichkeit kennt und zu erzählen weiß«.

Wir fahren fort, verehrte Brüder und Schwestern, mit unserem theologischen Dialog und den Begegnungen von Angesicht zu Angesicht. Wir alle tun das Unsrige und Christus, der »Gott mit uns«, der uns näher steht als wir uns selbst, segnet und vollendet unsere Arbeit.

Christus ist in unserer Mitte!

Im Ökumenischen Patriarchat, am 3. Oktober 2022

Bartholomaios von Konstantinopel

Segen Der Vorsitzenden des Rates der EKD Präses Dr. hc. Annette Kurschus

Sehr geehrter Metropolit Augoustinos, liebe Bischöfin Bosse-Huber,
sehr geehrte Teilnehmende und Gäste der 18. Dialogbegegnung zwischen dem Ökumenischen Patriarchat und der Evangelischen Kirche in Deutschland,
liebe Schwestern und Brüder,

im 133. Psalm spricht der Beter: »Seht, wie schön und angenehm es ist, wenn Brüder einträchtig beieinander wohnen!« (Ps 133,1)

Wie schön und angenehm ist es, wenn wir das Haus der Ökumene als Schwestern und Brüder, als Geschwister unseres Herrn Jesus Christus, in Eintracht miteinander bewohnen, wenn das Miteinander von geschwisterlicher Liebe und Herzlichkeit erfüllt ist.

Wer selbst mit Geschwistern aufgewachsen ist, weiß, dass die familiäre Eintracht im gemeinsamen Haus keine Selbstverständlichkeit ist, sondern ein kostbares Gut, das gepflegt werden will. Darum blicken wir mit großer Dankbarkeit auf unseren bilateralen Dialog mit dem Ökumenischen Patriarchat, weil er ein guter Weg ist, das miteinander-Wohnen immer wieder neu zu einem Ort geschwisterlicher Liebe und Eintracht zu machen.

Die Eintracht wächst darin, dass wir einander begegnen, unsere Gedanken austauschen, miteinander beten und Tischgemeinschaft haben. Zur Eintracht gehört aber mindestens genauso auch die Anteilnahme: Einträchtige Gemeinschaft wächst dort, wo wir Anteil nehmen an dem, was im Leben des Anderen wichtig ist, was ihn bewegt und beschäftigt.

Im Leben unserer Kirchen gab es gerade in den letzten Jahren bedeutende Ereignisse und es ist gut, dass wir diese nicht isoliert voneinander, sondern in Gemeinschaft begangen haben: Für uns als Evangelische Kirche war das Lutherjahr 2017 ein wichtiger Meilenstein, der unsere Kirche bewegt hat. Angesicht von 500 Jahren Reformation haben wir uns neu auf unsere Mitte besonnen. Zugleich waren wir in diesem Jahr nicht nur mit uns selbst beschäftigt, sondern vom Reformationsjahr sind wichtige Impulse für die Ökumene ausgegangen. Zu den wichtigsten ökumenischen Ereignissen dieses Jahres gehörte der Besuch seiner Allheiligkeit Bartholomäus in Tübingen und das gemeinsame Symposion. Gerade die bewegenden Worte des Ökumenischen Patriarchen, der zum Ausdruck brachte, dass die Gedanken der Reformation auch für unsere Geschwister in der Orthodoxie Bedeutung haben und bedacht werden, waren für uns ein wichtiger ökumenischer Spiegel auf das Reformationsfest.

Ein ebenso bedeutsamer Meilenstein im Leben der Orthodoxie war zweifelsohne das Heilige und Große Konzil auf Kreta im Jahre 2016. Auch das Konzil war kein Ereignis, das in seiner Bedeutung auf Ihre Kirche begrenzt ist, sondern von dem gleichermaßen wichtige Impulse für die Ökumene ausgingen. Diese Bedeutung zu würdigen und mit Ihrer Wahrnehmung des Konzils ins Gespräch zu bringen, das will ich nicht in wenigen Worten meines Grußes versuchen, sondern dieser Aufgabe sind die gesamten kommenden Tage gewidmet. Ich freue mich sehr, dass diese 18. Dialogbegegnung das Heilige und Große Konzil von Kreta in ihren Mittelpunkt stellen wird und damit die geschwisterliche Anteilnahme an wichtigen Ereignissen des Lebens der je anderen Kirche fortsetzt.

Schließlich möchte ich auch bereits vorausblicken darauf, dass wir auf einen gemeinsamen Meilenstein im kirchlichen Leben zugehen. Vor fast 1700 Jahren wurde in Nicäa das Bekenntnis begründet, das bis heute alle christlichen Kirchen der Welt verbindet.

Anteilnehmen an den wichtigen Ereignissen im Leben des Anderen und miteinander zugehen auf die Feier der gemeinsamen Grundlagen – das ist für mich ein guter Weg, einträchtig als Geschwister das gemeinsame Haus der Ökumene zu bewohnen.

So bitte ich für diese Begegnung um Gottes reichen Segen. Gott segne Ihr Sprechen und Hören, er segne Ihre Gemeinschaft und Ihren Austausch. Es segne und bewahre Sie der dreieinige Gott, Vater, Sohn und Heiliger Geist.

Präses Dr. hc. Annette Kurschus

Eröffnung und Einführung in das Thema durch die Delegationsleiterin der EKD

Bischöfin Petra Bosse-Huber, Hannover

Eure Eminenz, sehr geehrte Mitglieder der Dialogkommissionen, liebe Schwestern und Brüder,
»Lass uns einmal über unsere Beziehung sprechen.« In einer Ehe ist ein solcher Satz oft ein Zeichen, dass etwas im Argen ist. In der Ökumene allerdings ist er eine Notwendigkeit. Ökumene lebt davon, dass wir immer wieder über unsere Beziehung sprechen, dass wir immer wieder miteinander ins Gespräch bringen, wie wir den anderen und unsere Beziehung zu ihm verstehen.

Zur Eröffnung des Dialogs über »Unsere Beziehungen nach dem Heiligen und Großen Konzil von Kreta 2016« möchte ich an ein berühmtes Dokument erinnern, das für unsere Beziehungen seit Beginn der Ökumenischen Bewegung maßgeblich war. Das Sendschreiben des Heiligen Synod des Ökumenischen Patriarchats »An die Kirchen in Christi überall« von 1920 kann uns auch heute noch darin inspirieren, wie ökumenische Beziehungen gestaltet und mit Leben erfüllt werden können.

Die Enzyklika stellt gleich zu Beginn heraus, dass die Beziehungen zwischen christlichen Kirchen nicht erst geschaffen werden müssen, sondern dass sie von jeher bestehen und nie ganz verloren wurden. Sie betont, dass »die Koinonia unter« den Kirchen »nicht durch die dogmatischen Unterschiede zwischen ihnen ausgeschlossen ist.«[1] Oder um es anders zu sagen – und ich leihe mir dazu Worte von Ihnen, lieber Metropolit Augoustinos – »Ökumene ist keine Häresie«. So sehr ich diesen Worten aus ganzem Herzen zustimme, so sehr bedaure ich, dass sie überhaupt ausgesprochen werden müssen. Leider ist es nicht selbstverständlich, dass

---

[1] Michael Kinnamon (Hrsg.), The Ecumenical Movement: An Anthology of Key Texts and Voices, WCC Publications, Genf ²2016, 73f., 73.

Christen der Oikumene, der gesamten bewohnten Erde, miteinander in einem Bund, einer Koinonia, stehen. Dabei spreche ich auch von meiner eigenen Kirche: Die Kammer für Weltweite Ökumene der EKD hat eine Thesenreihe zur »Ökumene in der evangelisch-theologischen Aus- und Fortbildung in Deutschland«[2] veröffentlicht. Darin ruft sie dazu auf, die ökumenische Bildung in der universitären Theologie zu stärken und ökumenische Kompetenzen zukünftiger Generationen von Pfarrpersonen und Lehrerinnen und Lehrern zu verbreitern, denn »Ökumene ist […] nichts, worauf die Kirchen gegebenenfalls auch verzichten könnten, sondern ein wesentlicher Bestandteil des je eigenen Kircheseins.«[3] Auch hier ist es bemerkenswert, dass dieser Satz ausgesprochen werden muss, weil er offensichtlich nicht selbstverständlich ist. Es gibt viele Hindernisse, denen die Ökumene zu begegnen hat – die im Sendschreiben genannten dogmatischen Unterschiede, kulturelle Differenzen oder unterschiedliche Wertesysteme oder schlichte Unkenntnis und Vergessenheit gegenüber den Bräuchen und Traditionen der anderen Kirchen. Um so wichtiger ist es, immer wieder festzuhalten, dass die Koinonia zwischen unseren Kirchen besteht und nie aufgehört hat zu bestehen, und diese Koinonia in der Begegnung und dem Dialog zu stärken. Das Konzil von Kreta hat die Verbundenheit der Christen in deutlichen – und doch nicht unumstrittenen – Worten zur Sprache gebracht; gerade für das Konzilsdokument »Die Beziehungen der Orthodoxen Kirche zur übrigen christlichen Welt«[4] und seine Bedeutung für unsere Beziehungen wird in den kommenden Tagen Raum zum Austausch sein.

Damit sind wir bereits bei einer zweiten wesentlichen Forderung der Enzyklika »An die Kirchen in Christi überall« von 1920. Die Kirchen sollen untereinander Raum zur Begegnung und zum Austausch zwischen Delegationen bieten. Zum 18. Mal kommen wir in unserem bilateralen Dialog nun zu einer solchen Begegnung zusammen und dies erfüllt mich mit großer Freude.

---

[2] https://www.ekd.de/ekd_de/ds_doc/oekumene_ausbildung_2021.pdf (zuletzt abgerufen am 29.09.2022).
[3] Ökumene im 21. Jahrhundert. Bedingungen – theologische Grundlagen – Perspektiven, herausgegeben vom Kirchenamt der EKD (EKD Texte 124), 7. Zitiert nach a. a. O. (s. Anm. 2), 7.
[4] Synodos. Die offiziellen Dokumente des Heiligen und Großen Konzils der orthodoxen Kirche (Kreta, 18.–26. Juni 2016), herausgegeben von der Griechisch-Orthodoxen Metropolie von Deutschland, Bonn 2018, 57–66.

Schließlich empfiehlt das Sendschreiben, mit ehrlichem geschwisterlichem Interesse zu verfolgen, was im Leben der anderen Kirchen geschieht. Unser Interesse soll im Wunsch nach dem Wohlergehen der anderen Kirchen begründet sein. In diesem Sinne haben wir das Heilige und Große Konzil von Kreta in den Mittelpunkt unserer Begegnung gestellt. So wie seine Allheiligkeit mit aufrichtigem Interesse Anteil nahm an dem, was das Lutherjahr für unsere Kirche, aber auch für die ökumenische Gemeinschaft bedeutet hat, so richtet sich in dieser Woche unser Blick auf die Ereignisse von Kreta. Wir haben das Konzil aufmerksam verfolgt und sind dankbar für die Möglichkeit, dass Beobachter unserer Kirche direkt vor Ort sein konnten. Zugleich ist es wichtig, nicht bei unseren Beobachtungen stehen zu bleiben, sondern sie ins Gespräch zu bringen mit dem, was Ihnen am Herzen liegt, wenn Sie auf die Beratungen und Beschlüsse des Großen Konzils zurückblicken. Darum werden wir miteinander, und doch jeder aus seinem eigenen Blickwinkel, sprechen über die Konzilstexte zum Auftrag der Kirche in der Welt oder zur Koinonia der christlichen Kirchen untereinander und die Impulse für unsere Beziehung, die aus dem Konzil hervorgehen. Als Frucht des Konzils werden wir das Dokument »Für das Leben der Welt: Auf dem Weg zu einem Sozialethos der Orthodoxen Kirche«[5] betrachten. Dieses Dokument eröffnet einen Dialog, nicht nur binnenkirchlich, sondern auch in die Ökumene hinein, und in diesen Dialog treten wir sehr gerne ein. Ich freue mich auf den Austausch, den die kommenden Tage bringen werden.

Kehren wir noch einmal zur Enzyklika von 1920 zurück. Von Metropolit Germanos Strenopoulus, Rektor von Chalki und einer der Hauptverfasser des Sendschreibens, ist das folgende Zitat überliefert: »Wo Herzen vereint sind, wird der Widerstand des Kopfes nachlassen. Zur Spaltung der Christenheit kam es, als die Bande der Liebe erschlafften.«[6] Entsprechend beginnt die Enzyklika mit Worten aus dem Anfang des 1. Petrusbriefes: »liebt einander anhaltend, aus reinem Herzen!« (1 Petr. 1,22)

Ich wünsche uns allen, dass diese Begegnung dazu führt, die Bande der Liebe zwischen unseren Kirchen stark zu halten und dass wir miteinander fortschreiten auf dem Weg der wachsenden Einheit der Christenheit.

---

[5] Hrsg. von Barbara Hallensleben / Guido Vergauwen / Nikolaus Wyrwoll, Münster 2020.
[6] Zitiert nach: https://www.oikoumene.org/de/news/1920-1-a-beautiful-letter-from-the-church-of-constantinople (zuletzt abgerufen am 29.09.2022).

Einführende Bemerkungen des Leiters der Delegation des Ökumenischen Patriarchats

Metropolit Augoustinos (Labardakis) von Deutschland, Bonn

Wir leben in schwierigen Zeiten. Nicht nur, was die allgemeine Weltlage betrifft, sondern auch in unseren Kirchen. Denn keine unserer Kirchen ist frei von Krisen und Versuchungen. Dies gilt auch für die an diesem Dialog beteiligten Partner. Gleichzeitig ist uns allen klar, wie wichtig gerade in solchen Zeiten das Gespräch und der gegenseitige Zuspruch sind. So begrüße ich die Mitglieder der beiden Delegationen, also der Evangelischen Kirche in Deutschland und des Ökumenischen Patriarchats, zu unserer 18. Begegnung und freue mich, dass wir uns wieder πρόσωπον πρὸς πρόσωπον begegnen und uns – wie man im Griechischen sagt – in die Augen schauen können: να κοιταχτούμε.

Das Thema unserer Begegnung lautet »Unsere Beziehungen nach dem Heiligen und Großen von Kreta 2016«. Es geht also, wenn ich es richtig verstehe, von der Voraussetzung aus, dass sich unsere Beziehungen seit dem Konzil verändert haben. Ohne den Ergebnissen unserer Begegnung vorgreifen zu wollen, hoffe ich, dass wir feststellen werden, dass sich unsere Beziehungen verbessert haben – gerade in den schwierigen Zeiten, von denen ich eingangs sprach. Ich bin deshalb gespannt, wie wir mit dem Abstand von nunmehr sechs Jahren die Bedeutung des Konzils von Kreta sowohl in orthodoxer Innensicht als auch in der Außensicht seitens der EKD beurteilen werden. Dass die Evangelische Kirche in Deutschland eigens eingeladen war, in der Person ihres Ratsvorsitzenden das Konzil zu beobachten, zeugt von der Wertschätzung, welche die Große Kirche Christi, wie wir das Ökumenische Patriarchat nennen, Ihrer Kirche, liebe Delegierte der EKD, aber auch der Person des damaligen Ratsvorsitzenden, Landesbischof Prof. Dr. Heinrich Bedford-Strohm, zumisst. Diese Hochachtung, die von der weltweiten ökumenischen Familie geteilt wird, hat sich ja im vergangenen Monat durch seine Wahl zum Moderator des Zentralausschusses des Ökumenischen Rates der Kirchen noch einmal eindrücklich bestätigt und ich gratuliere Ihnen und Ihrer Kirche zu diesem großartigen Vertrauensbeweis.

Was nun das Konzil von Kreta betrifft, hatte ich damals selbst die ehrenvolle Aufgabe, Mitglied der Delegation des Ökumenischen Patriarchats zu sein. Und mit Professor Delikostantis haben wir in diesen Tagen einen der wichtigsten Textschreiber des Konzils unter uns. Und wir freuen uns, dass er uns kompetent und eloquent wie immer in die Konzilstexte und ihre Hintergründe einführen wird. Ich begrüße Sie ganz besonders, weil Sie aus dem Phanar zu uns gekommen sind und uns sozusagen den Segen der Mutterkirche mitgebracht haben. Gleiches gilt für den Kodexschreiber der Heiligen Synode des Patriarchats, Diakon Oecumenius, der ähnlich wie Professor Delikostantis derzeit die akademische Erfahrung Deutschlands in Konstantinopel einbringt. In Kreta war übrigens auch der hier anwesende Erzpriester Miron als Berater unserer Delegation dabei.

Unsere Begegnung hier wird nicht ausreichen, um eine ausführliche Würdigung aller in Kreta verabschiedeten Dokumente vorzunehmen. Naturgemäß wird das Dokument über die Beziehungen der Orthodoxen Kirche zur übrigen christlichen Welt einen besonderen Schwerpunkt unsere Beratungen bilden. Aber auch das Konzilsdokument, das sich mit dem Auftrag der Orthodoxen Kirche in der heutigen Welt befasst, wird zur Sprache kommen und gewürdigt werden. Der dritte Text, der uns besonders beschäftigen wird, ist dann bereits Teil des Rezeptionsprozesses von Kreta; ich beziehe mich auf das Dokument »Für das Leben der Welt«.

Doch auch die Konzilsdokumente, für die keine eigene Arbeitseinheit bei dieser Begegnung vorgesehen sind, lohnen eine Lektüre, ja eine evangelisch-orthodoxe Lektüre. Wer etwa den Text über das Fasten liest, wird schnell feststellen, dass es hier nicht um einen Maßnahmen- oder Vorschriftenkatalog zur christlichen Gestaltung der Nahrungsaufnahme geht, sondern um die grundsätzliche Frage eines neuen, eucharistischen Lebensstils, um die Frage nach Verzicht und Askese im 21. Jahrhundert, u. a. m.

Das Konzilsdokument über das Mysterion der Ehe, das ursprünglich eine rechtliche Angleichung der Vorschriften über die Ehehindernisse in den einzelnen autokephalen Kirchen bewirken sollte, hat sich im Laufe der Jahre zu einem soliden Text über das Wesen und die Theologie der Ehe weiterentwickelt, das innerhalb und außerhalb unserer Kirche Beachtung findet. Es ist doch gerade in den Fragen des alltäglichen Lebens unserer Gemeindemitglieder und des kirchlichen Umgangs damit, dass wir einen Einblick in die Denkweise und die Theologie unserer ökumenischen Dialogpartner erhalten. Ich erinnere mich noch sehr gut daran, wie wir in der Orthodoxen Bischofskonferenz in Deutschland (OBKD) seinerzeit über das Familienpapier der EKD von 2013 diskutierten; Sie können sich vorstellen, dass dies keine einfachen Gespräche waren.

Das Dokument über die orthodoxe Diaspora schließlich ist etwas, das uns hier in Deutschland ebenfalls in besonderer Weise betrifft, und ist deshalb in gleicher Weise für unsere ökumenischen Partner hilfreich. Wir wissen, wie unüberschaubar die orthodoxen Angelegenheiten für Außenstehende (manchmal sogar auch für Innenstehende!) sind; hier finden sich nun (ebenso wie im Dokument über die Autonomie) die panorthodox erarbeiteten und vorbereiteten Maßgaben für die orthodoxe Diaspora. Dass einige der autokephalen orthodoxen Kirchen diese bereits prinzipiell vereinbarten Texte und das weltweite Zeugnis unserer Kirche durch ihre Nichtteilnahme am Konzil und das Ignorieren ihrer eigenen jahrzehntelangen Beiträge zum präkonziliaren Prozess unglaubwürdig erscheinen lassen, ist bereits oft genug gesagt worden. Wie drängend aber die Fragen der orthodoxen Diaspora sind, ist exemplarisch an der aktuellen Situation etwa der orthodoxen Ukrainer in Deutschland erkennbar: Es kann doch nicht mit rechten Dingen zugehen, dass sich gerade sechs (!) verschiedene Jurisdiktionen (davon vier des Moskauer Patriarchats!) um die Pastoral dieser Zielgruppe mühen. Und eine siebte steht bereits vor der Tür ...

Wie gesagt, wir leben in schwierigen Zeiten.

Diese Dokumente haben also, auch wenn wir Sie hier nicht in extenso behandeln können, durchaus ebenfalls ihre ökumenische Dimension und ich kann sie zur Lektüre und zum Studium empfehlen. Wie alle Konzilsdokumente haben sie zwei Dimensionen: Zum einen definieren sie den derzeitigen Sach- und Kenntnisstand unserer Kirche und Theologie, zum anderen bedürfen sie der Rezeption und Umsetzung im kirchlichen Alltag unserer Gläubigen und unserer Kirchengemeinden. Dies ist eine alte und zugleich neue Erfahrung der Synodalität in unserer Kirche.

Apropos Synodalität: Beim Blick über den eigenen konfessionellen Gartenzaun hinaus ist es mir durch meine jahrzehntelange Teilnahme an den Synoden der EKD und vieler ihrer Gliedkirchen möglich gewesen, Ihr Verständnis von Synode, liebe evangelische Geschwister, näher kennen zu lernen. Natürlich sind die Strukturen und Vorgehensweisen unserer Kirchen aufgrund unterschiedlicher Ekklesiologien verschieden und sicher nicht eins zu eins übertragbar. Was ich übrigens stets geschätzt habe bei allen diesen EKD-Synodensitzungen der vergangenen Jahre, war das offene und unverkrampfte Diskutieren über die diversen Sachfragen, das in der Tat ein Element des Parlamentarismus in sich trägt. Im Ökumenischen

Patriarchat von Konstantinopel wiederum ist es das Verdienst seiner Allheiligkeit des Patriarchen Bartholomaios, die Institution der Synode wiederbelebt zu haben, nachdem die Sitzungen der Bischofssynode viele Jahre lang, bedingt durch die politischen Umstände, nicht stattfanden. Einmal im Monat tagt dieses Gremium am Sitz des Ökumenischen Patriarchats unter Vorsitz des Patriarchen. Es nehmen zwölf Metropoliten aus der ganzen Welt daran teil, die turnusgemäß nach einem Jahr ausgewechselt werden. Dieser Wechsel betrifft immer die Hälfte der beteiligten Bischöfe, so dass die Kontinuität der synodalen Arbeit stets gewährleistet ist. Gleichzeitig wird auf ein ausgewogenes Verhältnis von Metropoliten aus allen Erdteilen und vom Phanar, dem Sitz des Patriarchats also, Wert gelegt. Ich selbst hatte bereits dreimal die ehrenvolle Aufgabe, für jeweils ein Jahr den Klerus und das Kirchenvolk unserer Metropolie von Deutschland als Mitglied der Synode in Konstantinopel zu vertreten. Ich durfte dabei an bedeutenden, ja, historischen Entscheidungen unserer Kirche mitwirken, von denen ich insbesondere die Aufnahme einiger bedeutender Geistlicher unserer Kirche, die im 20. Jahrhundert gelebt haben, in den Heiligenkalender unserer Kirche und, besonders aktuell, den Tomos zur Autokephalie der Orthodoxen Kirche in der Ukraine nennen möchte.

Gerade diese Anerkennung der Unabhängigkeit der Kirche der Ukraine, die seinerzeit viel Kritik erfahren hat, erweist sich im Lichte der Ereignisse seit dem Überfall Russlands auf die Ukraine als richtig und weitsichtig. Die Verweigerung der kirchlichen Eigenständigkeit der Ukraine findet ja jetzt ihre Entsprechung in der Leugnung der staatlichen Existenzberechtigung des zweitgrößten europäischen Landes durch Moskau.

Wieder einmal zeigt sich, dass die Ökumenizität, welche das Patriarchat von Konstantinopel in seinem Namen trägt, es ermöglicht, Zusammenhänge zu sehen und Entscheidungen zu treffen, die den begrenzten Horizont nationalen Denkens und Handelns übersteigen. Dies zeigt sich ja auch in den diversen schöpfungstheologischen und ökologischen Initiativen des Ökumenischen Patriarchats, über die wir bereits bei früheren Begegnungen gesprochen haben.

Sehr geehrte Frau Bischöfin Bosse-Huber, es ist mir eine besondere Freude, Sie heute wiederzusehen. Seit Jahren kennen wir uns und haben bei vielen Gelegenheiten die »gute Sache« der Ökumene betrieben. Ich danke Ihnen für Ihre freundlichen Worte und freue mich auf die Tage hier in Berlin. Von den evangelischen Geschwistern haben wir – nicht zuletzt durch unsere Dialoge – gelernt, die Herrnhuter Losungen vom Tage zu lesen. Die heutige Losung lautet übrigens: »Der Herr schafft Recht den

Waisen und Witwen und hat Fremdlinge lieb, dass er ihnen Speise und Kleider gibt. Darum sollt ihr auch die Fremdlinge lieben« (5. Mose 10,18–19). Und der Lehrtext ergänzt nach Matthäus 25,35: »Ich bin ein Fremder gewesen und ihr habt mich aufgenommen.« Besser könnte ich meine eigenen Gefühle in diesen schwierigen Zeiten nicht ausdrücken.

Vielen Dank.

Dialogische Bibelarbeit im Berliner Dom

Joachim Vette, Mannheim / Georgios Basioudis, Mannheim

Vorbemerkung

Diese Bibelarbeit entstand im Kontext der langjährigen Zusammenarbeit von Erzpriester Dr. Georgios Basdioudis und Pfarrer Dr. Joachim Vette. Ihr gemeinsames Studium biblischer Texte im Vorstand der ACK Mannheim, in den Veranstaltungen des Ökumenischen Bildungszentrums sanctclara und nicht zuletzt in vielen ökumenischen Bibelwochen hat sich stets aufs Neue als fruchtbar und inspirierend erwiesen. Es war eine Freude, die Teilnehmenden der 18. Dialogbegegnung des Ökumenischen Patriarchats und der Evangelischen Kirche in Deutschland an dieser Zusammenarbeit teilhaben zu lassen. Der spontane und z. T. auch sehr persönliche Austausch zu den biblischen Texten kann in diesem Kontext nicht wiedergegeben werden. Der thematische Rahmen der Bibelarbeit ist im Folgenden kurz skizziert.

Psalmen, Gottesdienst und Dialog

Der Psalter ist der einzige Teil der Bibel, der eindeutig als menschliche Rede formuliert ist. Er ist so gestaltet, dass er dem persönlichen Andachtsleben einzelner Gläubiger sowie dem gottesdienstlichen Leben der gläubigen Gemeinde Sprache gibt. Andere Texte der Bibel kommen zu uns als Ansprache und auf die eine oder andere Weise werden wir aufgefordert, auf diese Ansprache zu antworten. Nur die Psalmen sind selbst als solche Antwort formuliert. Gleichzeitig sind diese Antworten als biblische Texte Gottes Wort – Gottes Wort an uns als Gottes Wort durch uns. Um mit Paulus in Römer 8,26 zu sprechen: »Die Psalmen sind der Geist Gottes, der durch uns spricht und uns hilft zu beten, wenn wir nicht wissen, wie wir beten sollen – und dies ist meistens der Fall.«[1]

Psalm 81: Gottesdienst und Gottes Wort

Psalm 81 ist ein Aufruf zum Feiern, eine enthusiastische Einladung zum Gottesdienst. Anlass der Feier ist die Verkündigung des Wortes Gottes, das in diesem Psalm direkt zitiert wird: Fast zwei Drittel des Psalms sind direkte Gottesrede. Wo in den meisten Psalmen der Dialog zwischen Gott und Mensch nur implizit zum Ausdruck kommt, wird dieser Dialog in Psalm 81 explizit. Gott richtet sein Wort an sein Volk: welch ein Grund zum Jubel!

Gottesdienst und Gericht

Der Inhalt der Gottesworte in Psalm 81 mag überraschen: Gott konfrontiert sein Volk mit harten Worten des Gerichts. Dennoch erklingen diese Gerichtsworte im Kontext eines Festgottesdienstes. Festliche Musik begleitet Gottes Vorwurf, versagt zu haben. Der Psalm bringt Jubel und Gericht in einen unmittelbaren Zusammenhang. Der Psalm macht deutlich: gerade der Festgottesdienst ist ein Ort, an dem Gott die versammelte Gemeinde mit ihrer Schuld konfrontiert.

Bonhoeffer: Buße und Umkehr

Dietrich Bonhoeffer hat uns einen Text geschenkt, in dem die versammelte Gemeinde als Kirche ihre Schuld bekennt:

Die Kirche bekennt, ihre Verkündigung von dem einen Gott, der sich in Jesus Christus für alle Zeiten offenbart hat und der keine anderen Götter neben sich leidet, nicht offen und deutlich genug ausgerichtet zu haben.

---

[1] Vgl. Wallace Alston, Preaching from the Old Testament, in: Wallace Alston / Helmut Schwier / u. a. (Hrsg.), Die Predigt des Alten Testaments, Altes Testament und Moderne 16, Münster 2003, 101–106.

Die Kirche bekennt, den Namen Jesu Christi missbraucht zu haben, indem sie sich seiner vor der Welt geschämt hat und Missbrauch dieses Namens zu bösem Zweck nicht kräftig genug gewehrt hat.

Die Kirche bekennt sich schuldig an dem Verlust des Feiertags, an der Verödung ihrer Gottesdienste, an der Verachtung der sonntäglichen Ruhe.

Die Kirche bekennt, die willkürliche Anwendung brutaler Gewalt, das leibliche und seelische Leiden unzähliger Unschuldiger, Unterdrückung, Hass und Mord gesehen zu haben, ohne ihre Stimme für sie zu erheben, ohne Wege gefunden zu haben, ihnen zu Hilfe zu eilen.

Die Kirche bekennt, Beraubung und Ausbeutung der Armen Bereicherung und Korruption der Starken stumm mitangesehen zu haben.

Die Kirche bekennt, der Ausbeutung der Schöpfung und der Zerstörung des von Gott geschaffenen Planeten zu wenig widersprochen und Ressourcen selbst nicht nachhaltig genutzt zu haben.[2]

Wo müssen wir diese Bekenntnisse zum Bekenntnis unserer Kirchen machen?

Buße und Jubel

Die Einbettung von Psalm 81 in den Kontext der Psalmen 78–82 verbindet theologische Geschichtsreflektion und Einsicht in das eigene religiöse Versagen mit dem Aufruf zu gerechtem sozialem Handeln. Fundament unserer Gottesbeziehung in Gegenwart und Zukunft ist dabei der in Psalm 81 evozierte Gottesdienst, in dem Gerichtswort, Buße und Umkehrhoffnung mit der Freude verbunden wird, dass Gott zu uns spricht, sei es auch mit harten Worten des Gerichts. Ein Bild verknüpft in besonderer Weise diese Psalmgruppe: In der Vergangenheit speiste Gott die Vorväter, ohne dass ihre Gier gestillt wurde (78,27–30). Für die Zukunft sehnt sich Gott nach einer Zeit, wo er sie nähren und sättigen kann (81,17). Diese Sehnsucht nach Buße und Umkehr und danach, im Gottesdienst von Gott gespeist und satt zu werden, ist die Grundlage für den Jubel, mit dem Psalm 81 beginnt. (Pfarrer Dr. Joachim Vette)

---

[2] Ausschnitte aus Dietrich Bonhoeffer, Ethik, München 1966, 120–122.

Auslegung

Joachim Vette hat im ersten Teil der Bibelarbeit über das Gericht Gottes gesprochen.

Das Gericht Gottes ist natürlich das allerwichtigste Gericht. Sehr oft blenden wir Menschen aber dieses Gericht aus unserem Leben und aus unserem Gewissen aus. Was für uns Menschen viel furchtbarer erscheint, ist ein menschliches Gericht, und zwar eine ungerechte Verurteilung wegen Verleumdung bzw. falscher Anklage. Und wenn so eine Verurteilung im Rahmen eines totalitären Regimes stattfindet, wo auch im Bereich des Strafvollzugs fast keine Regeln bestehen, wo Elend und Gewalt das tägliche Leben der Häftlinge beherrschen, dann steigt unser Stress in unglaublichen Höhen und wir sind paralysiert vor Furcht. Oder wir zeigen uns kämpferisch und wir versuchen unseren Widerstand zu organisieren und Menschen zu finden, die uns helfen werden, aus dem dunklen, dreckigen Felsloch zu entkommen. Oder wir finden einen Anwalt, der uns weiterzuhelfen weiß. Vielleicht würden wir als gut erzogene Christen nicht flüchten, wir wären aber bestimmt unzufrieden mit der ganzen Situation.

Paulus und Silas sind da anders. Ohne die Geschichte, die uns der Evangelist Lukas in der Apostelgeschichte tradiert hat, hätten wir kein konkretes Zeugnis von der inneren Freiheit des Paulus und des Silas gehabt. Paulus' Schriften bezeugen zwar schon diese Freiheit, er selbst beruft sich auf diese Freiheit (vgl. Galater 5,1). Aber man könnte sagen, dass all dies nur Worte sind. Wenn jedoch die Umstände des Lebens bedrohlich werden, werden alle Worte unter eine harte Prüfung gestellt. Die Tatsache also, dass Paulus und Silas eine große innere Gelassenheit und Freiheit inmitten ihrer verzweifelten Lage vorweisen – trotz ihrer Schmerzen in den Beinen und ihrer Wunden, die Tatsache, dass sie überhaupt Kraft finden, inbrünstig zu beten und laut Loblieder an Gott zu singen, ist ein Beweis dafür, dass diese Männer tatsächlich ihr ganzes Leben Christus anvertraut haben und von seinem Heiligen Geist durchdrungen waren.

Die Geschichte bleibt aber nicht bei der Gefangenschaft stehen. Sie zeigt uns eine Steigerung des Geschehens bis zum Wunderbaren: In Antwort auf das gottesdienstliche Singen erschüttert ein gewaltiges Erdbeben das Gefängnis. Die Türen wurden aus ihren Befestigungen und Verankerungen im Mauerwerk gerissen und öffnen sich. Man könnte als gläubiger Mensch sofort denken »Gott ist groß. Er hat uns befreit. Es kann nicht zufällig sein, dass dieses gewaltige Erdbeben heute geschehen ist. Amazing Grace. Gott sei Dank. Lasst uns gehen.« Dieses Gehen wäre eine Befreiung auf Kosten eines anderen gewesen. Lukas' Erzählung ist in diesem Punkt sehr dramatisch und sehr authentisch. Der Vollzugsbeamte sieht schon vor seinem inneren Auge wie die Häftlinge im Schutz der Dunkelheit in alle Winde davon fliehen. Er wird seine Stelle und seine Wohnung verlieren. Seine Familie wird er nicht mehr ernähren können. Er möchte sich das Leben nehmen. Er zieht gerade sein Schwert, als er die Stimme des Paulus aus den Zellen hört, wo er doch davon überzeugt war, dass alle weg sind. »Tu dir kein Leid an, denn wir sind alle hier.« (Apg 16,28) Paulus und Silas verzichten auf ihre sofortige Befreiung, weil sie ahnen, dass dies auf Kosten des Lebens ihres Peinigers erkauft wäre. Eine Freiheit auf Kosten des Feindes ist ein No-Go für Paulus. Eigentlich haben Paulus und Silas in seiner Person gar keinen Feind gesehen, sondern einen Menschen, erschaffen nach dem Ebenbild Gottes. Diese überraschende Haltung der Apostel hat diesen Sicherheitsbeamten zu Gott geführt. Dieses Zeugnis eröffnet einem Menschen und seiner Familie die Perspektive des Reiches Gottes. In den Erschütterungen der Nacht und in den Personen von Paulus und Silas begegnet der Gefängnisaufseher Gott – und das Leben beginnt für ihn und seine Familie neu. Sie empfangen die Taufe sofort.

Als ich diese Geschichte im Rahmen der Vorbereitungen für unsere theologische Begegnung gelesen habe, habe auch ich an Dietrich Bonhoeffer gedacht. Seine Haltung im Gefängnis war voller Würde und Anstand, getragen von seinem tiefen christlichen Glauben. Wir werden davon wahrscheinlich am Donnerstag, während unseres Besuchs des Bonhoeffer-Hauses, mehr erfahren. Es gibt aber – Gott sei Dank – unzählige Personen aus beiden kirchlichen Traditionen, bzw. aus allen christlichen Konfessionen und Traditionen, die in einer ähnlichen Lage ein friedliches und freudiges Zeugnis ihres Glaubens kraftvoll abgegeben haben.[3]

Bei all diesen gefangenen Christen in der Geschichte der Kirche durch die 20 Jahrhunderte hindurch und in allen Teilen der Welt haben das Beten und das Singen immer eine enorm wichtige Rolle gespielt. Im Singen geschieht Gottesdienst. Und immer wieder waren Gefängnisaufseher und Mitgefangene von dieser Kraft des Glaubens, die über die Lippen geäußert wurde, fasziniert und bekehrten sich zu Christus.

Die Kirche ist in den ersten Jahrhunderten buchstäblich auf den Leibern der Märtyrer erbaut und gewachsen. Ihr Zeugnis gab den Christen Mut und Kraft. Die Intensität ihres Lebens in der Phase des Martyriums

---

[3] Hier schloss sich ein Gespräch an, eröffnet durch die Bitte an je einen Vertreter aus den beiden Delegationen eine kurze Geschichte über einen Gefangenen zu erzählen.

hat die Liturgie der Kirche bestimmt und geprägt. Es gibt keinen Beweis dafür – und ich vermute, es kann auch keinen geben – aber ich nehme an, dass die häufige Nutzung des Wortes »Heute« in der orthodoxen liturgischen Tradition aus dieser Geisteshaltung der Märtyrer entstanden ist. Bei den singenden Gefangenen findet man dieses Geheimnis in einer kraftvollen Darstellung wieder. Sie singen in einer solchen Art und Weise, als ob Jesus gerade für sie geboren ist. Sie singen in einer solchen Art und Weise, als ob Jesus gerade für sie gekreuzigt wurde. Sie singen in einer solchen Art und Weise, als ob Jesus gerade für sie auferstanden ist. Das Geheimnis des Glaubens ist für sie im Hier und Jetzt lebendig. Sie leben aus der großen Freude der Auferstehung. Deswegen geschehen Wunder in ihrem Leben und in ihrem Umfeld in solchen Momenten.

Man könnte die Haltung der Märtyrer mit anderen Worten als ein Ethos beschreiben. Dieses Ethos entspringt ihrer innerlichen Freiheit und Gelassenheit, die durch ihr tiefes Vertrauen und ihren Glauben an Jesus Christus, an Gott den Vater und an den Heiligen Geist, geprägt sind. Die Orthodoxie hat immer betont, dass die Handlungen der Christen und der Kirche im öffentlichen Raum nur aus so einem Ethos hervorgehen können. Es ist »das liturgische und asketische Leben der Kirche jenes, welches das sozialethische Handeln hervorbringt« (Stephanos Athanasiou).[4] Diese Herangehensweise betrifft dann alle aktuellen Fragen, die mit dem Zeugnis der Kirche in der Welt, mit dem Lauf des menschlichen Lebens, mit sozialethischen Fragen usw. zu tun haben. Genau dies ist die Methode des wunderbaren Dokuments der Theologen des Ökumenischen Patriarchats *Für das Leben der Welt. Auf dem Weg zu einem Sozialethos der Orthodoxen Kirche*.[5]

»Das im Dokument jedes Kapitel mit einem Vers aus der liturgischen Tradition der orthodoxen Kirche anfängt, zeigt, dass die gesamte Sozialdebatte in der orthodoxen Kirche nur innerhalb dieser liturgischen und asketischen Erfahrung geführt werden kann und wird«.[6]

---

[4] Stefanos Athanasiou, Ein orthodoxes Sozialethos für das 21. Jahrhundert, Das neue Sozialethos-Dokument des Ökumenischen Patriarchats von Konstantinopel und seine Bedeutung fur die Welt von heute, in: Analysen und Argumente Nr. 421 (Dezember 2020), hrsg. von der Konrad-Adenauer-Stiftung e.V., Berlin 2020, 4.

[5] Zur deutschen Übersetzung des Textes siehe: Barbara Hallensleben (Hrsg.), Für das Leben der Welt. Auf dem Weg zu einem Sozialethos der Orthodoxen Kirche. Mit einem Geleitwort des Ökumenischen Patriarchen Bartholomaus, Münster 2020.

[6] Athanasiou, Ein orthodoxes Sozialethos (s. Anm. 4), 4.

»Wie groß auch immer die Mühen der Christen in der Welt, aus Gehorsam gegenüber dem Gesetz der göttlichen Liebe, sein mögen – sie sind getragen von einem tieferen und letztlich unbändigen Jubel«[7] ist in diesem Text selbst geschrieben. Die Mühen von Paulus und Silas waren tatsächlich sehr groß und sie waren von diesem tieferen und unbändigen Jubel getragen.

Frage 1: Wird diese enge Verbindung zwischen Liturgie und Handeln, was übrigens die Liturgische Theologie seit etwa 60 Jahre immer wieder in die Agenda der christlichen Beratungen und Diskussionen hervorzuheben versucht, in unserem kirchlichen Leben, in den Prozessen unserer Entscheidungen und Handlungen wahrgenommen?

Frage 2: Paulus und Silas wollten ihre Freiheit nach der »Befreiungsaktion« Gottes mit dem Erdbeben nicht auf Kosten des Gefängnisaufsehers leben. Was für sozialethische Implikationen für unser Handeln als Kirchen und Gesellschaften heute, im Kontext des Ukraine-Krieges und anderer Fragestellungen (z. B. das Thema der Ökologie), hat diese Haltung? Wo setzten wir die Grenzen, was diese »Kosten« betreffen?

(Erzpriester Dr. Georgios Basioudis)

---

[7] Hallensleben, Für das Leben der Welt (s. Anm. 5), § 5 (am Ende des Paragraphen).

Das Zeugnis der Orthodoxie zwischen Kontinuität und Aktualität. Werden und Wertung des Konzilsdokuments »Der Auftrag der Orthodoxen Kirche in der heutigen Welt«

Konstantinos Delikostantis, Athenn/Phanar

1. Einleitende Bemerkungen

Ich hatte das mit vielen Pflichten beladene Glück, als Mitarbeiter des Sekretariats für die Vorbereitung des Heiligen und Großen Konzils der Orthodoxen Kirche an den drei Tagungen der Speziellen Interorthodoxen Kommission (Oktober 2014, Februar und April 2015), an der 5. Vorkonziliaren Panorthodoxen Konferenz (Oktober 2015) und an der Synaxis der Vorsteher der Orthodoxen Autokephalen Kirchen im Januar 2016 in Chambésy-Genf teilzunehmen. In dieser Funktion durfte ich auch bei dem Heiligen und Großen Konzil auf Kreta dabei sein.

Darüber hinaus war ich einer der zwei Berater des Vorsitzenden der interorthodoxen Kommission für die Erstellung der Textvorlage für die Botschaft des Konzils. Diese Botschaft sollte die Sensibilität der Orthodoxen Kirche für den zeitgenössischen Menschen und ihre Haltung angesichts der großen gegenwärtigen Herausforderungen zum Ausdruck bringen. Konsequenterweise musste sich die Botschaft auf den Text »Der Auftrag der Orthodoxen Kirche in der heutigen Welt« berufen. Die Kommission arbeitete vom 9. bis 16. Juni 2016 in der Orthodoxen Akademie von Kreta. Am 17. Juni wurde der vorläufige Text der »Botschaft« in der Synaxis der 10 Vorsteher von mir auf Griechisch vorgelesen. Nach vielen positiven Äußerungen zu unserer Arbeit hieß es, dass dieser Text für eine Botschaft zu lang ist. Es wurde vorgeschlagen, die Vorlage als »Enzyklika des Konzils« dem Plenum zu präsentieren. Diese Idee wurde sofort angenommen. Auf dieser Basis sollte noch eine kürzere Version als Botschaft verfasst werden. Somit hatte das Konzil neben der Botschaft auch noch die Enzyklika zu genehmigen, was reibungslos geschah.

Das Orthodoxe Zentrum des Ökumenischen Patriarchats in Chambésy ist der Ort, wo die Vorreiter der Vorbereitung des Heiligen und Großen

Konzils der Orthodoxie seit 1968 zusammenkamen und, in einem heiklen Prozess, hart zu arbeiten hatten. Die panorthodoxen Konferenzen, die interorthodoxen Vorbereitungskommissionen, die präkonziliaren panorthodoxen Konferenzen während der letzten Jahrzehnte und nicht zuletzt die von Patriarch Bartholomäus inaugurierten Synaxen der Vorsteher der Orthodoxen autokephalen Kirchen gehören zum Kern des orthodoxen kirchlichen Lebens in unserer Zeit. Sie sind der Spiegel der Einheit der Orthodoxie, aber auch der Spannungen in den interorthodoxen Beziehungen, der Sorge der Kirche für Mensch und Welt, sowie der theologischen Auseinandersetzungen in der ganzen christlichen Welt und in der ökumenischen Bewegung.

Alle, die an ähnlichen Gremien mitgearbeitet haben, wissen sehr gut wie mühsam, lang und schwierig die Zusammenstellung einer von allen akzeptablen Textvorlage ist. Sehr oft rettet ein Kompromiss in einer Formulierung den ganzen Text, die Sitzung oder das ganze Treffen.

Aus Erfahrung möchte ich auch Folgendes hinzufügen: Derjenige, der die Konzilstexte in die Hand nimmt, ohne ihren Werdegang zu kennen, ohne mit den Gesprächen, den Auseinandersetzungen und den Kompromissen, die vorausgegangen sind, vertraut zu sein, kann leicht den Texten Unrecht tun. Zweifelsohne sind die Akten der verschiedenen Kommissionen und Konferenzen der Spiegel der Vorbereitung des Konzils. Es ist spannend und sehr interessant, die Akten zu studieren. Diese sind in theologischer Hinsicht inhaltsreicher und tiefer als der genehmigte Text. Wahrlich steckt in manchen von diesen Akten ein wertvoller theologischer Schatz.

2. Entstehung und Gestaltung des Textes
»Der Auftrag der Orthodoxen Kirche in der heutigen Welt«

Die Geschichte unseres Textes beginnt im Jahr 1961[1]. Die erste panorthodoxe Konferenz von Rhodos hat in den Katalog der Themen des künftigen panorthodoxen Konzils in der Einheit »Die Orthodoxie in der Welt« das Thema »Beitrag der Orthodoxen Lokalkirchen zur Durchsetzung der

---

[1] Zur Entstehung dieses Textes siehe: Konstantinos Delikostantis, Aspekte der Geschichte und der Theologie des Textes der Tagesordnung des Heiligen und Großen Konzils der Orthodoxen Kirche »Der Auftrag der Orthodoxen Kirch in der heutigen Welt«, in: ΘΕΟΛΟΓΙΑ 87 (Januar–März 2016) 1, 163-178 (auf Griechisch).

christlichen Ideale des Friedens, der Freiheit, der Brüderlichkeit und der Liebe zwischen den Völkern« aufgenommen.

In der ersten präkonziliaren panorthodoxen Konferenz von 1976 in Chambésy wurde der lange Themenkatalog für das panorthodoxe Konzil revidiert. Eins von den gewählten zehn Themen war das soeben genannte über den Beitrag der Orthodoxen Kirchen zu den Ideen des Friedens usw. mit dem Zusatz »und zur Behebung der Rassendiskriminierung«. Zehn Jahre danach, nach der zweiten panorthodoxen Konferenz von 1982, hatte die dritte präkonziliare panorthodoxe Konferenz (28. Okt. – 9. Nov. 1986) in Chambésy den von der zuständigen interorthodoxen Vorbereitungskommission vorgelegten Text zu den christlichen Idealen, der großes Lob erntete, besprochen und angenommen. Der Text besteht aus einer Einleitung und acht Kapiteln: a) Die Würde der menschlichen Person, Fundament für den Frieden, b) Der Wert der menschlichen Freiheit, c) Der Auftrag der Orthodoxie in der heutigen Welt, d) Über Frieden und Gerechtigkeit, e) Der Friede als Abwendung des Krieges, f) Rassen- and andere Diskriminierungen, g) Brüderlichkeit und Solidarität zwischen den Völkern und h) Die Aufgabe der Orthodoxen Kirche als dienendes Zeugnis der Liebe.

Leider hat dieser Text anfänglich in der orthodoxen Theologie nicht die gebührende Beachtung gefunden. Es ist das Verdienst von Prof. Gregorios Larentzakis, mit Nachdruck auf den Wert des Textes hingewiesen und ihn systematisch präsentiert zu haben. Durch dieses Dokument, meint er, werde der Vorwurf annulliert, dass die Orthodoxe Kirche eine Anstalt introvertierten Mystizismus und weltfremder Spiritualität sei, und dass sie die geschichtliche Realität ignoriere. In einem Kongress in Wien zum Thema »Solidarität und Gerechtigkeit« (2005) hat Larentzakis betont, allein schon die Besprechung dieses Dokuments »hätte die Einberufung eines panorthodoxen Konzils gerechtfertigt«[2].

Dieser Text erreichte das Konzil nicht in seiner ursprünglichen Form. Die Synaxis der orthodoxen Vorsteher (Phanar 2014) hat eine interorthodoxe Sonderkommission eingesetzt mit der Aufgabe, die auf das Konzil verwiesenen Texte zu revidieren. Der von dieser Kommission nach drei Treffen in Chambésy erstellte Text wurde der 5. präkonziliaren panortho-

---

[2] Gregorios Larentzakis, Orthodoxe Grundprinzipien menschlicher Koexistenz. Vorbereitungsdokument der panorthodoxen Synode, in: Ingeborg Gabriel / Franz Gassner (Hrsg.), Solidarität und Gerechtigkeit. Ökumenische Perspektiven, Ostfildern 2007, 174–199, 174.

doxen Konferenz (Chambésy 2015) vorgelegt, welche die endgültige Version erarbeitete. Diese Form wurde aber zum Schluss von den Delegationen der Kirche von Russland und Georgien nicht unterzeichnet.

Die Synaxis der Orthodoxen Vorsteher von Januar 2016 in Chambésy hatte dieses Hindernis aufzuheben. Anfänglich schien der Versuch zu scheitern. Der Präsident der Synaxis Ökumenischer Patriarch Bartholomäus schlug die Bildung einer kleinen Sonderkommission vor, um einige Änderungen – vor allem bezüglich der Benutzung des Terminus »Person« und der Deutung der menschlichen Freiheit – vorzunehmen, in der Hoffnung, die Einsprüche der zwei Delegationen zu überwinden. Ich war auch Mitglied dieser Kommission. Wir hatten Erfolg, und somit wurde der Text zu den christlichen Idealen mit den vierzehn Unterschriften der Orthodoxen Vorsteher versehen.

Dieses Dokument trägt den Titel »Der Auftrag der Orthodoxen Kirche in der Welt von heute«, während der frühere lange Titel als Untertitel erhalten blieb. Es ist etwas kürzer als dasjenige von 1986 und hat neben der Einleitung sechs Kapitel: a) Die Würde der menschlichen Person, b) Freiheit und Verantwortung, c) Frieden und Gerechtigkeit, d) Frieden und Abwendung des Krieges, d) Die Orthodoxe Kirche angesichts der Diskriminierungen, f) Die Aufgabe der Orthodoxen Kirche als dienendes Zeugnis der Liebe.

Die Meinungen über die beiden Texte gehen auseinander. Manche sprechen von Änderung in eine »konservative Richtung« hin, während für andere der Text von 2016 im Vergleich zum früheren »ein anderer Text« ist. Prof. Vasilios Makrides meint, dass die Änderungen, die 2014–2016 am ursprünglichen Text von 1986 unternommen worden sind, »einen Übergang aus einer mehr liberalen zur einer mehr konservativen Version des Textes darstellen, welcher mit der inzwischen eingetretenen anti-modernen Haltung gewisser orthodoxer Kirchen zusammenhängt«[3].

Meiner Meinung nach berühren die vorgenommenen Änderungen, die Hinzufügung und Entfernung mancher Paragrafen, den Geist des ersten Texts nicht. Die notwendigen Adaptationen an die heutigen Gegebenheiten scheinen, den Text eher zu bereichern. Eine Bereicherung ist auch die neue Einleitung zum Text, die den Stempel des Metropoliten von Pergamon Johannes Zizioulas trägt und das Zeugnis der Kirche in der Welt als

---

[3] Vasilios N. Makrides, Das Panorthodoxes Konzil 2016 und die moderne Welt, Konrad Adenauer Stiftung, Monitor Religion und Politik, Berlin, 30. November 2016, 1–14, 7.

Folge ihres eucharistisch-eschatologischen Charakters herausstellt. Auch in den Ausführungen über den Frieden und die Abwendung von Krieg fehlt jede Spur von der Atmosphäre des »Kalten Krieges« der Jahre der ersten Fassung.

Eine andere bemerkenswerte Änderung stellt die letzte lange Einheit über den »Auftrag der Orthodoxen Kirche als Zeugnis der Liebe in Diakonia« dar, die 15 Paragrafen beinhaltet, während in der entsprechenden frühen Version dieser Teil nur aus zwei Paragrafen ohne sichtbaren Bezug zum Grundthema bestand. Diese Einheit war die Quelle für die Enzyklika des Konzils, da sie die wichtigsten Herausforderungen, mit denen die Kirche heute konfrontiert ist, benennt. Es war seit Langem klar, dass das Panorthodoxe Konzil nicht alle heutigen Probleme angehen kann. Seine Botschaft sollte sein, dass in einer turbulenten Zeit die Kirche nicht indifferent bleibt, sondern ein Zeichen der Hoffnung setzt. Ganz deutlich war unserem Konzil jeder Triumphalismus und Maximalismus fern.

3. Versuch einer Wertung des Textes

Das Leben der Kirche nährt sich von der Treue zur Überlieferung des Glaubens und von dem Bewusstsein ihrer Sendung, Zeugnis von der Wahrheit dieses Glaubens in der jeweiligen Gegenwart zu geben. Das war auch die Überzeugung des Konzils von Kreta. Überall wird eine theologische Fundierung mit Verweis auf das biblische und das patristische Zeugnis gesucht. Wie es in der Einleitung unseres Textes steht, die Kirche, »ständig getragen von dieser Erwartung und diesem Vorgeschmack des Reiches Gottes ist [...] nicht indifferent gegenüber den Problemen des Menschen zu jeder Zeit, sondern nimmt im Gegenteil an seinen Nöten und seinen existenziellen Problemen Anteil; sie heilt wie ihr Herr den Schmerz und die Wunden, welche das Böse in der Welt hervorruft, und gießt wie der gute Samariter Öl und Wein auf seine Wunden (Lk 10,34); sie tut dies durch das Wort der ›Geduld und des Trostes‹ (Röm 15,4; Hebr 13,22) und die tätige Liebe. Ihr Wort an die Welt zielt nicht primär darauf, diese zu richten oder zu verurteilen (vgl. Joh 3,17 und 12,47), sondern um ihr das Evangelium vom Reich Gottes als Leitfaden darzubieten, sowie die Hoffnung und die Zusicherung, dass das Böse in welcher Form auch immer, nicht das letzte Wort in der Geschichte hat und ihren Lauf nicht bestimmen darf«.

Die Orthodoxen Kirchen werden aufgerufen, die interreligiöse Verständigung, die Kultur des Friedens, der Versöhnung und der Solidarität voranzutreiben und zur Überwindung des Fanatismus, der Diskriminirungen und der Feindschaft beizutragen. Auf der Basis von theologischen Kriterien werden der Ökonomismus, die Ungerechtigkeit, der Technokratismus und die Umweltzerstörung kritisiert. Der Einspruch, dass durch das weltliche Engagement die kirchliche Praxis in die Ambivalenz der »menschlichen Angelegenheiten« verwickelt und politisiert wird, unterschätzt die Dynamik, die aus der Dialektik zwischen des »von dieser Welt«- und des »nicht von dieser Welt«-Seins der christlichen Existenz hervorquillt.

Ich war zeitlebens aus Erfahrung und aus theologischen Gründen von der starken Gemeinschaftlichkeit der Orthodoxie überzeugt. Immer als ich in ökumenischen Begegnungen diese Ansicht vertreten hatte, musste ich natürlich hören, dass ich nicht die Orthodoxie, nicht meine Kirche, vertrete, sondern eben nur mich selbst, meine subjektive Meinung zum Ausdruck bringe.

Auch in unserer Zeit, selbst im Rahmen der Ökumenischen Bewegung, zu deren Gründern das Ökumenische Patriarchat gehört, kursiert die Ansicht, dass die Orthodoxe Kirche mit der Zentralität des Kultes und der Liturgie in ihrem Leben, mit den endlosen Zeremonien und den zahllosen Frömmigkeitsbräuchen, den abgeschiedenen Klöstern und den »gotttrunkenen Mönchen«, mit ihrem sterilen Traditionalismus, eine weltflüchtige Anstalt geblieben ist, welche den Einsatz für die Welt als nebensächlich betrachtet.

Hängt es damit zusammen, dass die drei Dokumente des Heiligen und Großen Konzils, »Der Auftrag der Orthodoxen Kirche in der heutigen Welt«, die Enzyklika und die Botschaft mit ihrer starken sozialen Ausrichtung im Westen eine gewisse Überraschung hervorgerufen haben? Oder wurde wegen des Fernbleibens vor allem der Kirche von Russland das soziale Zeugnis des Konzils von Kreta als nicht repräsentativ für die ganze Orthodoxie gewertet, obwohl mancherorts die deutlichen Unterschiede zwischen den Konzilstexten und dem russischen Sozialdokument aus dem Jahr 2000 hervorgehoben wurden? Wie dem auch sei, wird eine solche Haltung dem immensen philanthropischen und sozialen Werk der Orthodoxen Kirche durch die Geschichte hindurch und auch in unserer Zeit nicht gerecht.

Es wird von Orthodoxen Theologen ständig notiert, dass die Beschreibung des kirchlichen Lebens mit dem Begriff »Liturgie« zwar sehr treffend ist, jedoch das Verständnis der Liturgie im Sinne eines ausschließlich kultischen Geschehens, was auch in der Wiedergabe des Wortes λειτουργία mit »Gottesdienst« mitklingt, ein großes Missverständnis darstellt. Die Liturgie lässt sich nicht in die vier Wände des Kirchenraumes einschließen.

Sie bezeichnet vielmehr das Leben der Kirche in seiner Ganzheit, ein Leben, das Gottesdienst und Menschendienst in einem ist. Die eucharistische Feier ist nicht der Ort einer rein vertikalen Begegnung jedes Einzelnen mit Gott[4]. Sie ruft den Gläubigen ständig ihre Beziehung zu Gott und zum Nächsten ins Bewusstsein. Da das ganze Leben der Kirche eucharistisch ist, ist auch das soziale Handeln der Kirche liturgisch, ihr diakonisches Werk ist »liturgische Diakonie«. Die christliche Diakonie ist kein Zusatz, sondern ein wesentlicher Ausdruck des kirchlichen Lebens. Dank dieser Ausrichtung lebt in der Orthodoxie seit jeher »ein starker sozialer Instinkt, trotz der historischen Verwicklungen und Rückschritte«.[5]

Verehrte Bischöfe, liebe Freunde,

Mir ist eine Idealisierung der Orthodoxie völlig fern. Ohnehin ist die jetzige Zeit der interorthodoxen Spannungen und der russischen Invasion in der Ukraine für eine solche Haltung nicht förderlich. Das Konzil von Kreta gab der Orthodoxen Kirche die Gelegenheit, unter anderem auch ihr pastorales und soziales Zeugnis mit Entschiedenheit herauszustellen und zu aktualisieren, auch wenn Prof. Makrides bezüglich des Textes zum Auftrag der Orthodoxen Kirche heute nicht von einem »Aufbruch zur Welt«, sondern am ehesten von »einem ersten Schritt« oder von einer »kontrollierten Öffnung« der Orthodoxie zur heutigen Welt spricht.[6] Zweifelsohne haben die Patriarchate von Antiochien, Moskau, Bulgarien und Georgien durch ihr Fernbleiben diesem Orthodoxen Zeugnis keinen guten Dienst geleistet. Ein gemeinsames Zeugnis der Orthodoxie hat für die ganze Christenheit eine wesentliche Bedeutung. Die Abwesenheit der Kirche Russlands von dem Konzil hatte aber paradoxerweise eine positive Seite bezüglich der Genehmigung der sechs Grundtexte, auch der Enzyklika und der Botschaft. Wie ich die Arbeitsweise und das Taktieren der russischen Delegation aus Erfahrung kenne, wäre es unmöglich gewesen, so viele Texte zu diskutieren und anzunehmen.

Diese Texte sind ein kostbarer Schatz für die Orthodoxe Kirche und eine große Hilfe für die Gläubigen, die dafür kämpfen, das Leben in der

---

[4]   Konstantinos Delikostantis, Eucharistie und Gesellschaft, in: Internationale Kirchliche Zeitschrift 105 (Oktober–Dezember 2015) 4, 315–328.
[5]   Georges Florovsky, Das soziale Problem in der Östlichen Orthodoxen Kirche, in: ders., Christentum und Kultur, Thessaloniki 1982, 165–180, 166 (auf Griechisch).
[6]   Vasilios N. Makrides, Das Panorthodoxe Konzil 2016 (s. Anm. 3), 4.

modernen Welt mit ihrer christlichen Identität zu verbinden, jenseits des Säkularismus und des Fundamentalismus. In seiner Ansprache beim Abschlussgottesdienst in Chania (26. Juni 2016) sagte Patriarch Bartholomäus: »Die Beschlüsse des Konzils müssen in das Leben der lokalen orthodoxen Kirchen ›inkorporiert‹ werden, den Gemeinden, den Diözesen, den Klöstern mitgeteilt werden. Sie müssen in den theologischen Fakultäten diskutiert, in die Katechese und in die christliche Bildung der Jugend eingeführt werden. Sie haben Früchte in der pastoralen Diakonie und im Wirken der Kirche in der Welt zu zeitigen. Der Prozess der Rezeption und der Implementierung der Entscheidungen des Heiligen und Großen Konzils der Orthodoxen Kirche ist ein wesentlicher Ausdruck ihrer synodalen Identität, quasi ein ›Konzil nach dem Konzil‹«.

Was die spezielle Thematik unseres Treffens, die Beziehungen der EKD mit dem Ökumenischen Patriarchat, angeht, möchte ich zunächst auf die Ausführungen von Dr. Dagmar Heller und von Prof. Andreas Müller verweisen.

Dagmar Heller stellt in ihrem Vortrag im internationalen Kongress der Theologischen Fakultäten der Aristoteles Universität Thessaloniki zum Heiligen und Großen Konzil mit dem Titel »The Relations of the Orthodox Church with Non-Orthodox Christians according to the Holy and Great Council. A Protestant perspective«[7] fest, dass in den letzten Jahren die Dialoge zwischen Orthodoxen und Protestanten »schwieriger wurden dadurch, dass moralische und ethische Themen, die mit Entwicklungen in der modernen Welt zusammenhängen, Aktualität gewonnen haben«.

Bezüglich des Dokuments »Der Auftrag der Orthodoxen Kirche in der heutigen Welt«, was ihrer Meinung nach »nicht primär im Hinblick auf den interchristlichen Dialog verfasst wurde«, sagt sie, dass es Themen beinhaltet, welche eine Rolle in den künftigen Dialogen spielen werden. Sie verweist auf den Satz des Dokuments zur Menschenwürde und zur interchristlichen Zusammenarbeit: »Es ist unerlässlich, dass die innerchristliche Zusammenarbeit zum Schutz der Würde der menschlichen Person [...] in alle Richtungen entwickelt wird« (I., 2). Sie hebt die Thematisierung der Probleme der Gewalt, der Migration und des Trafficking, der Stellung zur Wissenschaft, der Kritik zum Ökonomismus, zum Säkularismus, zur Um-

---

[7] Dagmar Heller, The Relations of the Orthodox Church with Non-Orthodox Christians according to the Holy and Great Council. A Protestant perspective, in: Das Heilige und Große Konzil der Orthodoxen Kirche. Die Orthodoxe Theologie im 21. Jahrhundert. Akten des 8. Internationalen Kongresses Orthodoxer Theologie (Thessaloniki, 21–25. Mai 2018), Thessaloniki 2021, Bd. 1+2, hier Bd. 2, 221–230.

weltzerstörung hervor, auch die Pflicht, für Frieden und Gerechtigkeit zu arbeiten u.a. Dagmar Hellers Kommentar dazu lautet: »Es handelt sich um Probleme, die auch von den Protestantischen Kirchen in verschiedenen Kontexten herausgestellt werden, und es scheint, dass die Einstellungen auf beiden Seiten nicht enorm divergieren. Das ist jedoch anders an dem Punkt, wo das Dokument von der Heiligkeit des Lebens und ›dem heiligen Sakrament der christlichen Ehe als Einheit von Mann und Frau‹ spricht. Obwohl es keinen Konsens zwischen allen Protestantischen Kirchen gibt, werden die Frage der Legalisierung und der theologischen Rechtfertigung anderer Formen menschlichen Zusammenlebens ein schwieriges Anliegen im Dialog mit Kirchen bleiben, welche meinen, dass die Liebe Christi für alle menschliche Wesen keine Diskriminierung von Menschen auf der Basis ihrer sexuellen Disposition erlaubt, eine Einstellung, welche die Freiheit aller Formen des Zusammenlebens jenseits der traditionellen Familie impliziert.«

Sehr interessant ist der Blickwinkel, aus dem der Kollege Andreas Müller unseren Text wertet.[8] Er spricht von einem »auch für evangelische Theologen äußerst interessante[n] Dokument«. Er fügt hinzu: »Die Synode unternimmt damit eine – insbesondere ethisch orientierte – Verortung der Orthodoxen Kirche in der heutigen Welt, wie sie bisher auf panorthodoxer Ebene nicht vorlag. Bemerkenswert ist dabei schon der grundsätzliche theologische Ansatz, der die hier skizzierte Ethik im Gegensatz z. B. zu der russischen ›Sozialenzyklika‹ des Jahres 2000 breiter diskursfähig macht. Der Einsatz der Kirche für eine christliche Ethik in der Welt wird nämlich damit begründet, dass die Kirche proleptisch das Eschaton vorwegnimmt, also den Himmel auf Erden gleichsam abzubilden bemüht ist. Ein solcher Ansatz ist ›urorthodox‹. Kirche als Kontrastgesellschaft stellt zugleich eine Herausforderung für ›die Welt‹ dar, die sich einer solchen profilierten Provokation gleichwohl stellen kann«.

Andreas Müller hebt auch hervor, dass über die Begründung und Achtung der Menschenwürde in den Konzilstexten »zukünftig fruchtbare ethische Diskussionen zwischen den Kirchen« geführt werden können. Stellungnahmen zu Fragen der Abwendung von Diskriminierungen lassen sich, so Müller, »auch für evangelische Theologen an vielen Stellen leicht rezipieren«. Als sehr positiv wird von Prof. Müller die Tatsache herausgestellt, dass in den Konzilstexten dem sozialen Zeugnis der Kirche große

---

[8] Andreas Müller, Die Heilige und Große Synode aus Evangelischer Sicht, in: Orthodoxes Forum 31 (2017), 141–152.

Beachtung eingeräumt wird, womit das caritative Engagement nicht mehr, wie oft geschieht, als »ein Alleinstellungsmerkmal westlicher Kirchen« in Anspruch genommen werden kann.

Nicht unerwähnt lässt Müller die Tatsache, dass der anfänglichen positiven Bewertung der Menschenrechte in unserem Text und in der Enzyklika des Konzils auch kritische Ansichten vor allem bezüglich ihres Individualismus und dem inhärenten Anspruchsdenken zur Seite stehen. Auch die »gelegentlich auf irritierende Weise geschehende Verbindung der westlichen Kultur mit dem modernen Säkularismus« wird kritisiert. Gegenüber solchen Äußerungen wären nach Andreas Müller seitens evangelischer Theologen »kritische Fragen« zu stellen.

Darüber hinaus verweist Prof. Müller auf den »differenzierten und entspannten Umgang« des Konzils mit den Naturwissenschaften, auf die Zurückführung der ökologischen Krise auf geistliche und moralische Wurzeln, auf den Ruf zur Abkehr vom Konsumismus und auf verschiedene Antworten des Konzils, die von anderen Kirchen auch so gegeben werden. Sein Fazit lautet: »Damit stellt die Synode trotz aller kritischen Rückfragen, die sich an sie stellen lassen, ein Ereignis dar, dass auch im evangelischen Umfeld, noch viel stärker als eingangs beobachtet, Rezeption verdienen würde«.

Sechs Jahre danach kann man schwer einen bedeutenden Anklang des Konzils im Raum des Protestantismus feststellen. Die offizielle Einladung des Patriarchen Bartholomäus zu den Feierlichkeiten des Reformationsjubiläums und die Verleihung der Ehrendoktorwürde seitens der evangelisch-theologischen Fakultät der Universität Tübingen sind gewiss sehr positive Zeichen. Auch die Thematik unserer Begegnung kann als ein bedeutender Schritt gewertet werden, nicht nur bezüglich des Textes über die »Beziehungen der Orthodoxen Kirche zur übrigen christlichen Welt«, sondern auch für das kirchliche Zeugnis heute in der Welt. Man darf natürlich nicht mit maximalistischen Forderungen das Erreichte entwerten. Sicherlich wurden neue Gemeinsamkeiten unserer Kirchen im Bereich des Sozialen und angesichts der modernen Kultur, aber auch manche Differenzen in den heiklen Themen, die in der letzten Zeit den ökumenischen Himmel mit neuen Wolken bedecken, deutlich. Es darf auf keinen Fall dazu kommen, dass das Heilige und Große Konzil der Orthodoxen Kirche ein Opfer, wie ich sage, des »Endes der ökumenischen Flitterwochen« wird.

Das Ökumenische Patriachat praktiziert die vom Konzil bekräftigte Öffnung gegenüber der heutigen Welt. Die vielen andauernden Initiativen von Patriarch Bartholomäus im Feld der Ökologie, der Kultur der Solidarität, des Friedens und der Versöhnung, des Schutzes der Kindheit und der Migranten, gegen die moderne Sklaverei, im Bereich der interreligiösen und interkulturellen Annäherung in Zusammenarbeit mit Vertretern der Religionen und internationalen weltlichen Institutionen, geben beredtes Zeugnis davon. Es gibt keine Enzyklika, keine Verlautbarung und keine Rede des Patriarchen, in der nicht auf Texte des Konzils Bezug genommen wird.

Ich meine, dass die drei oben genannten Dokumente des Heiligen und Großen Konzils von Kreta Felder eröffnen, in denen konkrete Initiativen und Aktionen der EKD und des Ökumenischen Patriarchats entfaltet werden könnten. Ein sich auf gemeinsame Werte und Grundeinsichten gründendes gemeinsames Zeugnis unserer Kirchen ist eine gesegnete Sache. Dies würde auch die Thematik unserer Dialoge erweitern und bereichern.

Ich bedanke mich für Ihre Geduld und Ihre Aufmerksamkeit.

»Konzilien von universaler Geltung« und ihre Bedeutung für den ökumenischen Dialog

Reinhard Flogaus, Berlin

Lassen Sie mich zu Beginn meines Referats im Rahmen unserer diesjährigen Dialogbegegnung zum Thema des Heiligen und Großen Konzils der Orthodoxen Kirche auf Kreta im Jahr 2016 an einen orthodoxen Hierarchen erinnern, der mit Fug und Recht als der eigentliche Inspirator der Idee eines Panorthodoxen Konzils bezeichnet werden kann, der jedoch heute entweder weitgehend vergessen ist oder aber sogar oft absichtlich mit Schweigen übergangen wird. Dieser in mehr als einer Hinsicht außergewöhnliche orthodoxe Hierarch, der auch in verschiedenen anderen Bereichen – gerade auch hinsichtlich des Dialogs mit den anderen christlichen Konfessionen – wegweisende Initiativen ergriffen hat und auch das moderne Selbstverständnis des Ökumenischen Patriarchats entscheidend mitgeprägt hat, war Patriarch Meletios Metaxakis (1871–1935).[1]

Dieser tatkräftige und aufgeschlossene Kirchenführer, in dem manche indes auch einen »Neuerer« und »Spalter« der Orthodoxie sehen, wandte sich am 3. Februar 1923 brieflich an die Oberhäupter der anderen Ortho-

---

[1] Vgl. Bryn Geffert, Anglican Orders and Orthodox Politics, in: JEH 57 (2006), 270–300; Peter Plank, Der Ökumenische Patriarch Meletios IV. (1921–1923) und die orthodoxe Diaspora, in: OrthFor 21 (2007), 251–269. Neuere wissenschaftliche monographische Gesamtdarstellungen des Lebens und Werkes von Meletios IV. fehlen, vgl. jedoch Εμμανουήλ Καραγεωργούδης, Ο Μελέτιος Μεταξάκης ως Μητροπολίτης Αθηνών, Thessaloniki 2008; Σταύρος Νανάκης, Η χηρεία του Οικουμενικού Θρόνου και η εκλογή του Μελετίου Μεταξάκη 1918–1922 [Diss. Αριστοτέλειο Πανεπιστήμιο Θεσσαλονίκης 1988]; Γεώργιος-Σπυρίδων Μάμαλος, Το Πατριαρχείο Κωνσταντινουπόλεως στο επίκεντρο διεθνών ανακατατάξεων (1918–1972). Εξωτερική πολιτική και οικουμενικός προσανατολισμός [Diss. Εθνικό και Καποδιστριακό Πανεπιστήμιο Αθηνών, 2009], 29–65; Θεόδωρος Α. Μεϊμάρης, Η αναδιοργάνωσις του Αλεξανδρινού θρόνου επί Μελετίου Μεταξάκη (1926–1935), Thessaloniki 2019.

doxen Kirchen und schlug eine Konferenz zur Lösung des Kalenderproblems vor. Ein daraufhin von Meletios einberufener Panorthodoxer Kongress tagte vom 10. Mai bis 8. Juni 1923 in Konstantinopel und empfahl den Orthodoxen Kirchen unter anderem die Einführung eines revidierten Kalenders. Doch auch andere Themen, die dann später auf der Tagesordnung für ein Panorthodoxes Konzil stehen sollten, wie z. B. das Sakrament der Ehe und seine Hindernisse oder die kirchliche Organisation der orthodoxen Diaspora, wurden bereits bei diesem ersten Kongress im Jahr 1923 behandelt.[2] Die Kleinasiatische Katastrophe jedoch, die sich im September 2022 zum hundertsten Mal gejährt hat, hatte schon drei Monate nach diesem ersten Panorthodoxen Kongress zur erzwungenen Abdankung von Patriarch Meletios IV. geführt. Damit wiederholte sich in gewisser Weise sein Schicksal, da Meletios schon drei Jahre zuvor, im November 1920, im Gefolge des Wahlsieges der Royalisten in Griechenland sein Amt als Metropolit von Athen verloren hatte.

Der Plan zur Abhaltung eines Panorthodoxen Konzils aus Anlass des 1600-jährigen Jubiläums des Ersten Ökumenischen Konzils von Nizäa (325), der 1923 in Konstantinopel gefasst worden war, ließ sich nun nicht mehr verwirklichen. Bis es tatsächlich zu einem Konzil der Orthodoxen Kirche kam, sollten noch mehr als 90 Jahre vergehen. Als nach vielen vorkonziliaren Konferenzen und Treffen der orthodoxen Ersthierarchen dieses Konzil tatsächlich im Juni 2016 in der Orthodoxen Akademie von Kreta zusammentrat, war die Kalenderfrage, die am Anfang der Bemühungen um eine größere Einigkeit der Orthodoxen Kirchen gestanden hatte, inzwischen wieder von der Tagesordnung verschwunden. Hierüber sowie auch über die ebenso aktuelle wie hochbrisante Frage nach einem allgemein anerkannten Verfahren zur Verleihung der Autokephalie und über die einheitliche Regelung der Diptychen hatte man im Vorfeld des Konzils keine Verständigung erzielen können. Die Synaxis der Oberhäupter bzw. Vertreter der 14 autokephalen orthodoxen Kirchen hatte daher im Januar 2016 diese drei Themen von der Tagesordnung abgesetzt, obschon die bei der dritten Präkonziliaren Konferenz im Jahr 1986 beschlossene Verfahrensordnung vorgesehen hatte, dass das Konzil erst dann stattfinden könne, wenn zu *allen* vorgesehenen Themen einvernehmlich beschlossene

---

[2] Vgl. Anastasios Kallis, Auf dem Weg zu einem Heiligen und Großen Konzil, Münster 2013, 101–111; Patrick Viscuso, A Quest For Reform of the Orthodox Church: The 1923 Pan-Orthodox Congress, An Analysis and Translation of Its Acts and Decisions, Berkeley 2006.

Textvorlagen vorliegen würden.[3] Diese Forderung war auf der fünften Präkonziliaren Panorthodoxen Konferenz im Oktober 2015 in Chambésy von einigen Vertretern der Kirchen nochmals vorgebracht worden,[4] doch setzte sich die Synaxis im Januar 2016 schließlich darüber hinweg, um den schon zwei Jahre zuvor mitgeteilten Konzilstermin überhaupt noch halten zu können. Die Vertreter des Patriarchats Antiochien verweigerten jedoch damals dem Einberufungsbeschluss und der Geschäftsordnung des Konzils bereits ihre Zustimmung, zumal sie mittlerweile auch die eucharistische Gemeinschaft mit dem Patriarchat Jerusalem wegen der Qatar-Frage abgebrochen hatten. Auch eines der verbliebenen sechs Schemata, nämlich das Schema zur Ehe, fand vonseiten Antiochiens und Georgiens keine Zustimmung, da diese Kirchen interkonfessionelle Ehen unter Berufung auf can. 72 des Concilium Quinisextum generell ablehnen. All diese Punkte finden sich dann auch in der Begründung der Absage der Teilnahme des Patriarchats Antiochien am Konzil wieder.[5]

Wie dringend gerade die Frage der Autokephalieverleihung einer einvernehmlichen gesamt-orthodoxen Lösung bedarf, hat seit dem Konzil vor allem der Tomos des Ökumenischen Patriarchats für die Orthodoxe Kirche der Ukraine vom 6. Januar 2019 deutlich gemacht, der mittlerweile zum einseitigen Abbruch der Kirchengemeinschaft der Russischen Orthodoxen Kirche mit dem Ökumenischen Patriarchat, mit der Kirche von Griechenland und dem Patriarchat Alexandrien geführt hat.[6] Die als Folge des Ukrainekriegs am 27. Mai 2022 eigenmächtig erklärte »volle Selbständigkeit

---

[3] Vgl. Kallis, Auf dem Weg (s. Anm. 2), 531; Viorel Ioniță, Der Weg zur Einberufung der (Panorthodoxen) Heiligen und Großen Synode der Orthodoxen Kirche, in: OrthFor 31 (2017), 21; [ders.], Der lange Weg zur Heiligen und Großen Synode der Orthodoxen Kirche und seine Perspektiven, in: Cath(M) 71 (2017), 64f.; Eva Synek, Das »Heilige und Große Konzil« von Kreta, Freistadt 2017, 25.
[4] Vgl. Ioniță, Der Weg (s. Anm. 3), 23; [ders.], Der lange Weg (s. Anm. 3), 67f. Da das Schema zu den Beziehungen der Orthodoxen Kirche zur übrigen christlichen Welt und dasjenige zur ökumenischen Bewegung mittlerweile zu einem Schema vereinigt worden waren, hätten nach dieser Sicht also insgesamt zu neun Themen einvernehmliche Schemata vorliegen müssen.
[5] Vgl. https://www.antiochpatriarchate.org/en/page/1448/ (abgerufen am 10.11. 2024). Für can. 72 des Concilium Quinisextum vgl. FC 82, 262,17–264,8 (ACO II 2,4, 51,9–21), sowie die Erläuterungen a. a. O.,76f.
[6] Inzwischen hat am 20.11.2022 die ROK auch die Gemeinschaft mit der Kirche von Zypern abgebrochen, und das Patriarchat Alexandrien hat am 23.11.2022 seinerseits die Gemeinschaft mit der ROK ausgesetzt und die Lehre von der »Russischen Welt« für häretisch erklärt.

und Unabhängigkeit«[7] der bisher dem Moskauer Patriarchat unterstehenden Ukrainischen Orthodoxen Kirche hat diese Problematik noch weiter verschärft. Wenige Tage später allerdings zeigte sich bei einer anderen Orthodoxen Kirche, dass auch nach Jahrzehnten der Spaltung und des Streites um die Autokephalie durchaus eine Lösung möglich ist, vorausgesetzt natürlich, dass auf beiden Seiten der gute Wille dazu vorhanden ist. Nachdem kurz zuvor schon das Ökumenische Patriarchat die die Kirchengemeinschaft mit dem seit 1967 von der Serbischen Orthodoxen Kirche getrennten Erzbistum Ochrid wieder hergestellt hatte, überreichte am 5. Juni 2022 Patriarch Porfirije dem Oberhaupt der Mazedonischen Orthodoxen Kirche (Erzbistum Ochrid) einen Autokephalietomos. Allerdings ist auch damit noch keine abschließende Lösung des Autokephalie-Problems in Sicht, weder im Falle der Orthodoxen Kirche von Nordmazedonien, die sich bislang vergeblich um die Gewährung der Autokephalie durch das Ökumenische Patriarchat bemüht, noch erst recht auf panorthodoxer Ebene. Das gemeinsame Gedenken an das Erste Ökumenische Konzil, das sich 2025 zum tausendsiebenhundertsten Mal jährt und Anlass zur Überwindung von Spaltungen hätte werden können, fällt leider in eine Zeit tiefer Zerwürfnisse zwischen den Orthodoxen Kirchen.

I.

Im Folgenden möchte ich mich mit einem kurzen Abschnitt aus der sogenannten »Enzyklika« des Heiligen und Großen Konzils befassen. Diese Enzyklika, über deren Entstehungsprozess Konstantinos Delikostantis uns sehr viel ausführlicher berichten kann, da er selbst unmittelbar an deren Abfassung mitgewirkt hat, bietet zum einen eine Kurzfassung der auf Kreta beschlossenen Konzilsdokumente, enthält aber auch Aussagen, die sich so in den übrigen sechs thematisch fokussierten Konzilstexten nicht unterbringen ließen. Der Text der Enzyklika (und auch der Botschaft des Konzils) ist – anders als die übrigen Konzilsdokumente – in seiner jetzigen Form erst unmittelbar vor bzw. während des Konzils selbst entstanden.[8] Eine Passage der Enzyklika, die keine Entsprechung in den übrigen offi-

---

[7] Vgl. https://raskolam.net/ua/53255-postanova-soboru-ukrainskoi-pravoslavnoi-cerkvi-vid-27-travnya-2022-roku (abgerufen am 10.11.2024).

[8] Vgl. Konstantinos Delikostantis, Die Enzyklika der Heiligen und Großen Synode der Orthodoxen Kirche, in: OrthFor 31 (2017), 76.

ziellen Konzilsdokumenten hat,[9] möchte ich ins Zentrum meiner folgenden Überlegungen stellen. Da sich die Brisanz dieses kurzen Abschnitts vermutlich nicht jedem sofort erschließt, obschon er gerade von orthodoxer Seite als »die wichtigste dogmatisch-historische Äußerung« des Konzils von Kreta überhaupt bezeichnet worden ist,[10] bedarf es sowohl historischer als auch theologischer Erläuterungen, um die Bedeutung und die Tragweite dieser Äußerung des Konzils erfassen zu können, gerade auch im Hinblick auf das Verhältnis der Orthodoxen Kirche zu den anderen Konfessionen.

Die Enzyklika enthält nach einem doxologischen Prooemium in ihrem ersten Kapitel zunächst Aussagen zur Ekklesiologie. Die »eine, heilige, katholische und apostolische Kirche« sei »eine gottmenschliche Gemeinschaft nach dem Bild der Heiligen Trinität«, »ein fortwährendes Pfingsten« und »eine prophetische Stimme in dieser Welt, die nicht zum Schweigen gebracht werden kann.« Die Kirche sei »Leib Christi«, und zwischen dem »Mysterium der Kirche« und dem »Mysterium der Göttlichen Ökonomie« einerseits sowie dem »Mysterium« (bzw. »Sakrament«) »der heiligen Eucharistie« andererseits bestehe eine »untrennbare Beziehung«, welche »fortwährend im sakramentalen Leben der Kirche durch das Wirken des Heiligen Geistes bekräftigt wird.« »Die Orthodoxe Kirche«, so die Enzyklika weiter, »die dieser einmütigen apostolischen Tradition und sakramentalen Erfahrung treu bleibt, stellt die authentische Fortsetzung der einen, heiligen, katholischen und apostolischen Kirche dar«. »In ihrer Einheit und Katholizität ist die Orthodoxe Kirche die Kirche der Konzilien – vom Apostelkonzil in Jerusalem (Apg 15,5–29) bis zum heutigen Tage.« Und weiter: »Die Kirche ist in sich selbst ein Konzil, eingesetzt von Christus und geleitet vom Heiligen Geist«.[11] Zur Verdeutlichung dieses konzi-

---

[9] Allerdings gibt es eine Parallele zur Eröffnungsansprache des Ökumenischen Patriarchen vom 20. Juni, vgl. Barbara Hallensleben (Hrsg.), Einheit in Synodalität. Die offiziellen Dokumente der Orthodoxen Synode auf Kreta 18. bis 26. Juni 2016, Münster 2017, 16f.

[10] Theodoros Alexopoulos, Das Konzil des großen Photios von 879/80 und dessen Horos als Einigungsbasis für die in Trennung befindlichen Christen. Seine gemeinsame offizielle Anerkennung als Achtes Heiliges Ökumenisches Konzil von Seiten der Römisch-katholischen und der Orthodoxen Kirche, in: KuD 64 (2018), 4.

[11] Synodos. Die offiziellen Dokumente des Heiligen und Großen Konzils der Orthodoxen Kirche (Kreta, 18.–26. Juni 2016), hrsg. von der Griechisch-Orthodoxen Metropolie von Deutschland, Bonn 2018, 21–23 bzw. 109–111 (griechischer Originaltext). Um einer größeren Nähe zum griechischen Original willen weicht der hier wiedergegebene Wortlaut an einigen Stellen vom deutschen Text dieser Ausgabe geringfügig ab.

liaren Charakters der Orthodoxen Kirche wird sodann von der Enzyklika auf die Ökumenischen Konzilien sowie die lokalen Konzilien verwiesen, welche sowohl für die kirchliche Lehre der Orthodoxen Kirche, das Dogma, als auch für ihre kirchliche Ordnung, die Kanones, bekanntlich von großer Bedeutung sind. Dieses »konziliare Werk« der Orthodoxen Kirche, so fährt die Enzyklika fort, »geht in der Geschichte ununterbrochen weiter durch die späteren Konzilien von universaler Geltung« – »καθολικοῦ κύρους« heißt es im griechischen Original, also wörtlich »von katholischer Geltung«.[12]

Dass hier nicht von »οἰκουμενικοῦ κύρους« (»ökumenischer Geltung«) die Rede ist, dürfte hauptsächlich darin seinen Grund haben, dass umstritten ist, ob es nach dem Siebten Ökumenischen Konzil noch weitere im Vollsinn »ökumenische« Konzilien gegeben hat und falls ja, wie deren Ökumenizität festgestellt werden kann. Bekanntlich gab es immer wieder Konzilien, die sich zwar selbst als »ökumenisch« bezeichnet haben, im Verlauf der Kirchengeschichte sich jedoch gerade nicht als »ökumenisch« durchgesetzt haben. Unterschiedlich beantwortet wird auch die Frage, ob nach der Kirchenspaltung von 1054 ein Konzil überhaupt noch sensu stricto »ökumenisch«, das heißt weltumfassend sein könne, oder ob dies aufgrund des Schismas mit Rom ausgeschlossen sei. Würde man allerdings letzteres orthodoxerseits bejahen, käme dies dem Eingeständnis gleich, dass die Orthodoxe Kirche nicht die eine, heilige, katholische und apostolische Kirche ist, sondern nur eine Teilkirche, die als solche nicht die Vollmacht zur authentischen Formulierung ihrer Lehre hätte.[13] Dies ist, wie wir bereits gehört haben, definitiv nicht die Auffassung des Konzils von Kreta, das die Orthodoxe Kirche nicht nur als »die authentische Fortsetzung« der einen Kirche versteht, sondern auch ausdrücklich festgehalten hat, dass »ihrer ontologischen Natur nach« »die Einheit der Kirche niemals gestört werden« kann.[14] Mit anderen Worten: Die Orthodoxe Kirche ist die eine Kirche. Auch kirchliche Schismen stören diese Einheit nicht im ontologischen, sondern allenfalls in einem praktisch-liturgischen Sinn. Eine Glaubensspaltung aber führt zur Trennung der »heterodoxen Kirchen und

---

[12] A.a.O., 23 bzw. 111.
[13] Vgl. hierzu Damaskinos Papandreou, Das Panorthodoxe Konzil, in: Wilhelm Nyssen/Hans-Joachim Schulz/Paul Wiertz (Hrsg.), Handbuch der Ostkirchenkunde, Bd. III, Düsseldorf 1997, 285f.
[14] Vgl. Die Beziehungen der Orthodoxen Kirche zur übrigen christlichen Welt, 6 (Synodos [s. Anm. 11], 58 u. 146).

Konfessionen« von der einen Kirche, welche mit der Orthodoxen Kirche identisch ist.[15]

Auch die Frage, ob die Einberufung eines Konzils durch den Kaiser eine notwendige Voraussetzung eines Ökumenischen Konzils ist, wird in diesem Zusammenhang manchmal gestellt, doch ist auch diese Frage wenig sinnvoll, da eine solche Bindung der konziliaren Autorität der Kirche an das Kaisertum selbstverständlich ebenfalls unvereinbar wäre mit der orthodoxen Ekklesiologie. Allerdings gibt es natürlich durchaus Kriterien für die »Ökumenizität« eines Konzils, vor allem dessen Übereinstimmung mit der Lehre der vorangegangenen Ökumenischen Konzilien und nicht zuletzt dessen Rezeption durch die eine Kirche in ihrer ökumenischen Weite. Ob ein Konzil »ökumenische Geltung« beanspruchen kann, entscheidet sich somit immer erst später, manchmal auch erst sehr viel später.

Auch wenn die Enzyklika von Kreta, eingedenk dieser Tatsache, nicht das Adjektiv »ökumenisch« verwendet hat, sondern nur das Adjektiv »katholisch«, so ist doch auch damit klar zum Ausdruck gebracht, dass nach der Auffassung dieses Konzils auch jene späteren Konzilien nicht nur für einen Teil der Kirche, sondern für die Kirche insgesamt verbindlich sind.

Das spannende an der Enzyklika des »Heiligen und Großen Konzils« von Kreta ist nun, dass diese es nicht bei einer solchen allgemeinen Feststellung belässt, sondern zehn spezifische Konzilien benennt, welche von »universaler Geltung« für die »eine, heilige, katholische und apostolische Kirche« seien. Alle diese Konzilien fanden in Konstantinopel statt, und zwar in den Jahren 879/80, 1341, 1351, 1368, 1484, 1638, 1642, 1672, 1691 und 1872.[16] Diese konziliare Tradition Konstantinopels wird nun

---

[15] Von einer »Verkirchlichung« der »Häretiker« durch das Konzil von Kreta, wie dies etwa der Dogmatiker Demetrios Tselengides behauptet hat (vgl. https://orthochristian.com/97903.html, abgerufen am 10.11.2024), kann keine Rede sein. Zwar wird der Name »Kirche« (und »Konfessionen«) für die heterodoxen Glaubensgemeinschaften verwendet, doch zugleich wird deutlich gemacht, dass diese Gemeinschaften von der einen Kirche, die im ontologischen Sinne Kirche ist, getrennt sind.

[16] In seiner Eröffnungsansprache am 20.06.2016 nannte Patriarch Bartholomaios als Beispiele für die panorthodoxe Synodalität teilweise auch andere Konzilien, vgl. Barbara Hallensleben (Hrsg.), Einheit (s. Anm. 9), 16f. Neben den in der Enzyklika aufgeführten palamitischen Konzilien des 14. Jahrhunderts und den Konzilien von 1638, 1672, 1691 und 1872 wurden von ihm in diesem Zusammenhang auch die antirömischen Konstantinopolitanischen Konzilien der Jahre 1727, 1838 und 1895 genannt (vgl. Ioannes Karmires, Τα δογματικά και συμβολικά μνημεία της Ορθοδόξου Καθολικής Εκκλησίας, Bd. II, Graz 1968, 941–950, 974–982 u.

mit der Enzyklika von Kreta auf panorthodoxer Ebene als für die Kirche verbindlich festgeschrieben. Eine solche Fortschreibung einer verbindlichen konziliaren Tradition über die sieben Ökumenischen Konzilien und die zehn Lokalsynoden[17] des byzantinisch-orthodoxen Kirchenrechts hinaus hat es bislang auf panorthodoxer Ebene nicht gegeben. Ob die Hervorhebung dieser zehn Konzilien in der Enzyklika von Kreta tatsächlich zu einer allgemeinen Rezeption ihrer dogmatischen und disziplinarischen Beschlüsse durch die weltweite Orthodoxe Kirche führen wird, bleibt abzuwarten.

Doch klar ist, dass diese Festlegung des Konzils von 2016 löschen von erheblicher ökumenischer Relevanz ist, da es sich gemäß dem Wortlaut der Enzyklika hierbei ja gerade nicht um lokale Synoden, sondern um Konzilien von universaler, weltweiter und in diesem Sinne auch von »ökumenischer« Geltung handelt. Daher bekommen diese Konzilien und ihre theologischen Aussagen nunmehr auch unmittelbare Bedeutung für den ökumenischen Dialog. Sowohl das Gespräch der Römisch-Katholischen Kirche mit der Orthodoxie als auch die Dialoge der Evangelischen Kirchen mit der Orthodoxie werden sich künftig mit diesen – außerhalb der Orthodoxen Kirche bislang noch ziemlich unbekannten – Konzilien befassen und sich zu ihren theologischen Aussagen verhalten müssen. Da nun aber praktisch alle diese Konzilien sich mehr oder minder deutlich von den theologischen Traditionen des Abendlandes abgegrenzt haben, ist diese Auflistung von normativen Konzilien, wie wir sie in der Enzyklika des Heiligen und Großen Konzils von Kreta finden, auch von erheblicher ökumenischer Brisanz.

1018–1032), das Konzil von Iaşi 1642 (a.a.O., 658–662 u. 673–766), die sich gegen eine Union mit den Non-Jurors richtenden Schreiben der orthodoxen Patriarchen von 1718 und 1723 (a.a.O., 868–900; zu einer englischen Übersetzung vgl. George Williams, The Orthodox Church of the East in the Eighteenth Century: Being the Correspondence between the Eastern Patriarchs and the Nonjuring Bishops, London/Oxford/Cambridge 1868, 15–67 u. 117–121) sowie die Zurückweisung eines entsprechenden Unionsangebots von Papst Pius IX. durch die Orthodoxen Patriarchen im Jahr 1848 (a.a.O., 985–1005).

[17] Dabei handelt es sich um die Synoden von Ankyra (314), Neocaesarea (ca. 318), Gangra (ca. 340), Antiochia (ca. 330), Laodikeia (ca. 363), Serdika (ca. 343), Karthago (419), Konstantinopel (394), Konstantinopel (861) und Konstantinopel (879/80).

II.

Einige der in der Enzyklika genannten Konzilien sind bereits in der Vergangenheit von orthodoxen Theologen als »Ökumenische Konzilien« eingestuft worden. Dies trifft insbesondere auf das erste, das Photianische Sophienkonzil von 879/80 zu. In einer Enzyklika der Patriarchen von Konstantinopel, Alexandrien, Antiochien und Jerusalem sowie von 29 weiteren Bischöfen aus dem Jahr 1848 wurde dieses Konzil ausdrücklich als »8. Ökumenisches Konzil« bezeichnet.[18] Mit dieser Enzyklika wies die Orthodoxe Kirche damals das Angebot zu Verhandlungen über eine Union mit der Römischen Kirche schroff zurück, welches Papst Pius IX. (1792-1878) einige Monate zuvor mit seinem Schreiben »*In suprema Petri apostoli sede*« den orthodoxen Bischöfen unterbreitet hatte. Die Bezeichnung des Sophienkonzils von 879/80 als »ökumenisch« reicht indes sehr viel weiter in die Geschichte zurück.

Der meines Wissens früheste Beleg für eine solche Titulatur dieses Konzils findet sich im 12. Jahrhundert bei dem Kanonisten und Patriarchen von Antiochien, Theodor Balsamon (ca. 1130 – ca. 1195).[19] Rund 200 Jahre später bezeichnet der Metropolit von Rhodos Neilos Diassorenos (14. Jhd.), ein Zeitgenosse und Anhänger von Gregorios Palamas (1296-1359), das Sophienkonzil von 879/80 als das »8. Ökumenische Konzil« und das ebenfalls in der Enzyklika des Konzils von Kreta als normativ aufgeführte Konzil von 1341, mit welchem die Schriften von Barlaam von Kalabrien (ca. 1290-1348) verurteilt und die Göttlichkeit des Taborlichtes als orthodox anerkannt worden waren, als »9. Ökumenisches Konzil«.[20] Auch viele andere Hierarchen wie Neilos Kabasilas († 1363), Symeon von Thessaloniki (ca. 1381-1429), Markos Eugenikos (ca. 1391-1444), Patriarch Gennadios Scholarios (1400-1473) sowie Patriarch Dositheos II. von Jerusalem (1641-1707) bezeichneten das Konzil von 879/80 als »8. Ökumenisches Konzil«. Dositheos verdanken wir im übrigen auch die Editio Princeps der

---

[18] Vgl. die Enzyklika vom 06.05.1848 bei Karmires, Τα δογματικά (s. Anm. 16), Bd. II, 987 u. 989. Eine deutsche Teilübersetzung des Textes findet sich bei Nikolaus Thon (Hrsg.), Quellenbuch zur Geschichte der Orthodoxen Kirche, Trier 1983, 410–419 (zum Sophienkonzil: 413; die andere Stelle, an der vom »Achten Ökumenischen Konzil« die Rede ist, fehlt in dieser Teilübersetzung).

[19] Theodor Balsamon, Canones (PG 137, 1085); vgl. Georgios Rhalles/Michael Potles (Hrsg.), Σύνταγμα τῶν θείων καὶ ἱερῶν κανόνων, Bd. II, Athen 1852, 706.

[20] Rhalles/Potles, Σύνταγμα (s. Anm. 19), Bd. I, Athen 1852, 392–395.

Akten dieses Konzils.[21] Auch viele orthodoxe Theologen der zweiten Hälfte des 20. Jahrhunderts haben sich für eine Anerkennung dieses Konzils als 8. Ökumenisches Konzil ausgesprochen, wie z. B. Hamilcar S. Alivisatos (1887–1969), Ioannes Karmires (1904–1992), John Meyendorff (1926–1992), Ioannes Romanides (1927–2001), Grigorios Larentzakis, Georgios Metallinos (1940–2019), George Dragas, Ioannis Pheidas und andere.[22] Unmittelbar vor dem Heiligen und Großen Konzil hatten daher die Bischöfe der Serbischen Orthodoxen Kirche vorgeschlagen, das Konzil von Kreta solle »die ökumenische Bedeutung« des Konzils unter Patriarch Photios von 879/880 sowie des hesychastischen Konzils von 1351 bestätigen.[23]

Warum ist nun das erstgenannte Konzil von 879/80 so wichtig für die Orthodoxe Kirche? Aus der recht verwickelten Vorgeschichte des Konzils[24]

---

[21] Dositheos Notaras, Τόμος χαρᾶς ἐν ᾧ περιέχονται.·Αἱ ἐπιστολαὶ Φωτίου τοῦ ἁγιωτάτου Πατριάρχου Κωνσταντινουπόλεως. Ἡ ἁγία καὶ Οἰκουμενικὴ ὀγδόη Σύνοδος ..., Jassy 1705; Neilos Kabasilas, Notitia (PG 149, 676A–680C); Symeon von Thessaloniki, Dialogus contra haereses, 19 (PG 155, 97D); Markos Eugenikos, Confessio fidei, in: Dositheos Notaras, Τόμος ἀγάπης κατὰ Λατίνων, Jassy 1698, 588; Gennadios Scholarios, De additione ad symbolum (PG 160, 720AB).

[22] Hamilcar S. Alivisatos, Das fünfte, sechste, siebte und achte ökumenische Konzil, in: Bernard Botte (Hrsg.), Das Konzil und die Konzile: ein Beitrag zur Geschichte des Konzilslebens der Kirche, Stuttgart 1962, 131–144; Karmires, Τὰ δογματικά (s. Anm. 16), Bd. I, 261 f.; John Meyendorff, Schwesterkirchen – Ekklesiologische Folgerungen aus dem Tomos Agapis, in: Auf dem Weg zur Einheit des Glaubens, Wien/Innsbruck/München 1976, 45; Ioannes Romanides, Δογματικὴ καὶ Συμβολικὴ Θεολογία τῆς Ὀρθοδόξου Καθολικῆς Ἐκκλησίας, Bd. I, Thessaloniki 1999, 73; Gregorios Larentzakis, Das Ökumenische Patriarchat von Konstantinopel und die Römisch-Katholische Kirche, in: Μνήμη Μητροπολίτου Ιακώβου, Athen 1984, 229; Georgios Metallinos, Ουνία: Πρόσωπο και Προσωπείο, Athen 1992, 49; George Dragas, The Eighth Ecumenical Council: Constantinople IV (879/880) and the Condemnation of the Filioque Addition and Doctrine; Ioannis Pheidas, Die Ökumenizität des photianischen Konzils des Jahres 879/80 in Konstantinopel aus orthodoxer Sicht, in: Θεολογία 82 (2011), 247–258.

[23] Vgl. die Botschaft der Heiligen Versammlung der Bischöfe der Serbischen Orthodoxen Kirche an die Oberhäupter und Synoden der anderen Orthodoxen Kirchen vom 25.05.2016 unter http://arhiva.spc.rs/eng/referring_holy_and_great_council_orthodox_church.html (abgerufen am 10.11.2024): »Bearing in mind their dogmatic-ecclesiological importance and pan-Orthodox endorsement, our local Church proposes that the ecumenical importance of the Holy Synod of 879/880, held in the time of Saint Photius of Constantinople, should be confirmed, and that the hesychastic Synod held in 1351 should be confirmed as well.«

[24] Zum historischen Hintergrund sowie zu der damit verquickten Frage der kirchlichen Zugehörigkeit der Bulgaren vgl. Peter Gemeinhardt, Die Filioque-Kontro-

sei hier nur so viel erwähnt, dass Papst Nikolaus I. (820–867) auf einer römischen Synode im Jahr 863 Patriarch Photios (ca. 820–893), einen Verwandten von Patriarch Tarasios (730–806), für nicht rechtmäßig geweiht und für abgesetzt erklärte und seinen Vorgänger Ignatios (ca. 798–877) als rechtmäßigen Patriarchen von Konstantinopel anerkannte. Daraufhin ließ Photios 867 seinerseits durch eine Synode den Papst – zu Unrecht – als Urheber der Häresie des Filioque exkommunizieren. Kurze Zeit später setzte aber der neue Kaiser Basileios I. (811–886) Photios als Patriarchen ab und dafür Ignatios wieder ein und bat Papst Hadrian II. (792–872), Legaten zu einem Konzil nach Konstantinopel zu senden, um die kirchliche Gemeinschaft zwischen Rom und Konstantinopel wiederherzustellen. Auf diesem 869/70 in der Hagia Sophia tagenden Konzil wurde Photios abermals verurteilt, die Bilderverehrung sowie der Ehrenprimat des römischen Papstes bestätigt und die Einmischung weltlicher Herrscher in Bischofswahlen generell untersagt. Dieses Konzil, das sich selbst als »ökumenisch« bezeichnete[25], gilt heutzutage jedoch nur in der Römisch-Katholischen Kirche als »8. Ökumenisches Konzil«.[26]

Nachdem 877 Patriarch Ignatios verstorben war, erhob der Kaiser erneut Photios zum Patriarchen. Dem neuen Papst Johannes VIII. (ca. 820–882) schlug Basileios I. daher die Abhaltung eines weiteren Konzils vor, um Photios wieder in die Kirchengemeinschaft mit Rom aufzunehmen und die Beschlüsse des Konzils von 869/70 aufzuheben. Da gleichzeitig der Kaiser Hilfe gegen die Süditalien bedrohenden Sarazenen in Aussicht stellte, willigte der Papst ein und sandte Legaten und Briefe nach Konstantinopel. Dieses abermalige Konzil in der Hagia Sophia, an dem insgesamt 383 Bischöfe bzw. deren Vertreter aus den fünf altkirchlichen Patriarchaten teilnahmen, darunter drei Vertreter von Johannes VIII., hat in mehrfacher Hinsicht bedeutende Beschlüsse gefasst.

Zum einen – und dies war ja das Hauptanliegen des oströmischen Kaisers gewesen – wurden in der vierten Sitzung des Konzils am 24.12.879

---

verse zwischen Ost- und Westkirche im Frühmittelalter, Berlin/New York 2002, 166–269.

[25] Vgl. Mansi 16, 92B u. 353D (Actio VI) sowie 186A (Actio X). Dieses Konzil hat in can. 17 die Anwesenheit des Kaisers bei einem »Ökumenischen Konzil« als notwendig festgehalten.

[26] Das Verbot der Einmischung weltlicher Fürsten in die Wahl eines Bischofs, welches vor dem Hintergrund des Photianischen Schismas in can. 22 des Konzils formuliert worden war, dürfte der Grund gewesen sein, weshalb seit dem Investiturstreit im 11. Jahrhundert das Konzil von 869/70 wieder rezipiert und im 12. Jahrhundert dann in das Decretum Gratiani aufgenommen wurde.

die Beschlüsse des Konzils von 869/70 sowie einer vorangegangenen römischen Synode gegen Photios für aufgehoben erklärt und ausdrücklich festgehalten, dass diese Versammlungen künftig nicht mehr zu den »heiligen Synoden« gezählt und noch nicht einmal als »Synoden« bezeichnet werden dürfen.[27] Zum zweiten wurde – in Entsprechung zu can. 5 des Konzils von 869/70 – die Promotion von Laien zu höheren kirchlichen Ämtern untersagt und ausdrücklich festgehalten, dass die abweichende Praxis im Falle von Tarasios und Photios keine Präzedenzfälle für die Zukunft bilden dürften.[28] Zum dritten wurde vereinbart, dass die oströmische Kirche künftig in Bulgarien keine Weihen mehr vornehmen solle.[29] Und schließlich wurde die Kirchengemeinschaft mit Patriarch Photios als unverzichtbar für die Zugehörigkeit zur wahren Kirche erklärt.[30]

In der fünften Sitzung des Konzils am 26. Januar 880 haben Rom und die östlichen Patriarchate dann gemeinsam das zweite Konzil von Nizäa (787), welches unter Patriarch Tarasios stattgefunden hatte, als »7. Ökumenisches Konzil« anerkannt.[31] Dies ist einer der Gründe dafür, weshalb das Konzil von 879/80 selbst in der Folge als »ökumenisch« bezeichnet wurde. Außerdem wurden in dieser Sitzung drei Kanones beschlossen, die dann Eingang in die kirchenrechtlichen Sammlungen der Orthodoxie fanden, allerdings als Teil der Kanones der Lokalsynoden. In can. 1 legte das sich auch selbst als »heilig und ökumenisch« bezeichnende Konzil fest, dass Rom und Konstantinopel die kirchlichen Urteile des anderen jeweils anerkennen würden, wobei ausdrücklich festgehalten wurde, dass die alten Vorrechte des römischen Throns und dessen Vorsitz weder jetzt noch künftig verändert werden sollten.[32] Trotz der Unbestimmtheit dieser Formulierung ist dies sicherlich die am weitesten römischen Interessen entgegenkommende Formulierung des gesamten Konzils. Can. 2 legte sodann fest, dass Bischöfe, die sich in ein Kloster zurückziehen – was Ignatios nach seiner Absetzung getan hatte – nicht wieder in ihr bischöfliches Amt zurück-

---

[27] Mansi 17, 489E.
[28] A. a. O., 488E. Zu can. 5 von 870 vgl. COGD II, 28 f.
[29] A. a. O., 488AB.
[30] A. a. O., 492CD. Zu weiteren Beschlüssen dieser vierten Sitzung vgl. Gemeinhardt, Filioque-Kontroverse (s. Anm. 24), 257 f.
[31] Mansi 17, 493E–496C; vgl. Karmires, Τα δογματικά (s. Anm. 16), Bd. I, 269. Zuvor war dies bereits auf der 869/870 für aufgehoben erklärten photianischen Synode von 867 erfolgt, vgl. Gemeinhardt, Filioque-Kontroverse (s. Anm. 24), 199.
[32] COGD IV/1, 38, 44–59; a. a. O., 57–59: »... μηδὲν τῶν προσόντων πρεσβείων τῷ ἁγιωτάτῳ θρόνῳ τῆς τῶν Ῥωμαίων ἐκκλησίας μηδὲ τῷ ταύτης προέδρῳ τὸ σύνολον καινοτομουμένων μηδὲ νῦν, μήτε εἰς τὸ μετέπειτα.«

kehren können, und can. 3 untersagt, dass ein Laie einem Bischof gegenüber willkürlich Gewalt ausübt oder ihn inhaftiert.[33]

Der Hauptgrund dafür, dass heutzutage viele orthodoxe Theologen dieses Konzil für ein »Ökumenisches« halten und das Heilige und Große Konzil von Kreta es deshalb an den Anfang einer Reihe von Konzilien »von universaler Geltung« gestellt hat, ist der am 3. März 880 in einer Sondersitzung im Kaiserpalast von lediglich 25 Prälaten beschlossene dogmatische Horos des Konzils.[34] Viele orthodoxe Theologen sind nämlich der Auffassung, dass durch diesen Horos die Lehre des Filioque verurteilt worden sei und dass die Vertreter Roms dieser Verurteilung zugestimmt hätten.[35] Tatsächlich wird jedoch weder das Filioque in diesem Horos erwähnt noch werden dort überhaupt pneumatologische Fragen erörtert.[36] Stattdessen beschreiben die Konzilsväter in diesem Text zunächst die Quellen der Glaubenslehre, nämlich die »verehrungswürdige und göttliche Lehre unseres Herrn und Heilandes Jesus Christus« und, damit gleichgestellt, »die heiligen Anordnungen und kanonischen Regeln seiner heiligen Jünger und Apostel« sowie die durch den Heiligen Geist inspirierten »heiligen sieben Ökumenischen Konzilien«. Sodann versichern die Konzilsväter, dass sie von der überlieferten »Definition des allerreinsten Glaubens der Christen« »nichts wegnehmen, nichts hinzufügen, nichts vertauschen und nichts verfälschen«, und bekennen sich zum Glaubensbekenntnis von Nizäa-Konstantinopel, von dem jedoch nur die ersten Worte angeführt werden. »Ohne dass sich durch die Machenschaften des Teufels eine Irrlehre entwickelt habe«, seien Auslassungen oder Zusätze zum Glaubenssymbol »eine Geringschätzung dessen, was nicht geringgeschätzt werden dürfe, und unverzeihlicher Hochmut gegenüber den Vätern«. Wenn jemand aber

---

[33] A. a. O., 38, 61 – 39, 86; auch in can. 2 bezeichnet sich das Konzil als »ökumenisch«.

[34] Vgl. hierzu Gemeinhardt, Filioque-Kontroverse (s. Anm. 24), 260–267.

[35] Vgl. z. B. Romanides, Δογματική (s. Anm. 22), 73: »Η επί Μεγάλου Φωτίου Η´ Οικουμενική Σύνοδος του 879 κατεδίκασε το Φραγκικόν FILIOQUE ...«; vgl. Karmires, Τα δογματικά (s. Anm. 16), Bd. I, 264; Meyendorff, Schwesterkirchen (s. Anm. 22), 45; Dragas, The Eighth (s. Anm. 22), 363: »...the *Horos* of the Photian Council of 879/880 ... condemns the *Filioque* not only as an addition to the Creed but also as a doctrine.«

[36] Das langjährige Mitglied im orthodox-lutherischen Dialog auf Weltebene Bruce D. Marshall vertrat im Hinblick auf das Konzil von 879/80 sogar die Auffassung, dass »das Filioque als theologisches Thema praktisch keine Rolle« gespielt habe, weder beim Abbruch noch bei der Wiederaufnahme der Kirchengemeinschaft zwischen Rom und Konstantinopel, vgl. Dragas, The Eighth (s. Anm. 22), 359.

doch »mit Zusätzen oder Auslassungen die Ursprünglichkeit dieser heiligen und ehrwürdigen Definition« verfälsche, so sei er, wenn er ein Kleriker ist, abzusetzen, wenn er ein Laie ist, aber der Exkommunikation zu unterwerfen.[37] Die wohl nicht zufällig in den Text des Horos gelangte Klausel, dass Veränderungen des Symbols ohne Not, das heißt ohne eine Gefährdung des Glaubens durch eine Irrlehre, nicht erlaubt seien, könnte m. E. ein Hinweis darauf sein, dass zumindest den päpstlichen Legaten der antihäretische, genauer gesagt, der antiarianische Kontext der Lehre des Filioque in der spanischen Kirche seit der 3. Synode von Toledo im Jahr 589 durchaus bekannt war.[38]

Letztlich haben also die Väter dieses Konzils im Grunde dasselbe getan wie alle Ökumenischen Konzilien vor ihnen seit Ephesus – sie haben den Glauben von Nizäa bekräftigt und sich gegen dessen Verfälschung oder Abänderung gewandt. Schon einmal hatte man ja aufgrund von Irrlehren über den Heiligen Geist den Wortlaut des Symbols nach 325 verändert und ergänzt, und selbst auf dem Konzil von Chalzedon (451), wo man ebenfalls jede Veränderung des Symbols streng untersagte, wurden während des Konzils noch leicht unterschiedliche Textversionen ver-

---

[37] COGD IV/1, 37, 2–38, 41: »Τοῦ κυρίου καὶ σωτῆρος ἡμῶν Ἰησοῦ Χριστοῦ τὴν σεπτὴν καὶ θείαν διδασκαλίαν τοῖς τῆς διανοίας κόλποις ἀδιστάκτῳ γνώμῃ καὶ πίστεως τεθεμελιωμένην καθαρότητι, καὶ τῶν αὐτοῦ ἁγίων μαθητῶν καὶ ἀποστόλων τὰς ἱερὰς διατάξεις καὶ τοὺς κανονικοὺς τύπους ἀπλανεστάτῃ κρίσει συνεξισοῦντές τε καὶ συνδιασώζοντες, ναὶ δὴ καὶ τῶν ἁγίων οἰκουμενικῶν ἑπτὰ συνόδων, ὡς τοῦ αὐτοῦ καὶ ἑνὸς ἁγίου πνεύματος ταῖς ἐπινοίαις ἰθυνομένων τε καὶ ἐνεργουμένων, … Οὕτω περὶ τούτων φρονοῦντές τε καὶ κηρύττοντες, τὸν ἄνωθεν ἐκ πατέρων καὶ μέχρις ἡμῶν κατεληλυθότα τῆς ἀκραιφνεστάτης τῶν χριστιανῶν πίστεως ὅρον καὶ διανοίᾳ καὶ γλώσσῃ στέργομέν τε καὶ πᾶσι διαπρυσίῳ τῇ φωνῇ περιαγγέλλομεν, οὐδὲν ἀφαιροῦντες, οὐδὲν προστιθέντες, οὐδὲν ἀμείβοντες, οὐδὲν κιβδηλεύοντες. Ἡ μὲν γὰρ ἀφαίρεσις καὶ ἡ πρόσθεσις, μηδεμιᾶς ὑπὸ τῶν τοῦ πονηροῦ τεχνασμάτων ἀνακινουμένης αἱρέσεως, κατάγνωσιν εἰσάγει τῶν ἀκαταγνώστων καὶ ὕβριν τῶν πατέρων ἀναπολόγητον. …. Εἰ δέ τις ἑτέραν ἔκθεσιν, παρὰ τοῦτο δὴ τὸ ἱερὸν σύμβολον, τὸ ἄνωθεν ἐκ τῶν μακαρίων καὶ ἱερῶν πατέρων ἡμῶν μέχρις ἡμῶν διαφοιτῆσαν, τολμήσειεν ἀναγράψασθαι καὶ ὅρον πίστεως ὀνομάσαι, … ἢ καὶ τοῖς ἐξ αἱρέσεως τινος ἐπιστρέφουσι, καὶ ῥήμασι νόθοις ἢ προσθήκαις ἢ ἀφαιρέσεσι τὴν ἀρχαιότητα τοῦ ἱεροῦ τούτου σεβασμίου ὅρου κατακιβδηλεῦσαι ἀποθρασυνθείη, κατὰ τὴν ἤδη καὶ πρὸ ἡμῶν ἐκφωνηθεῖσαν ψῆφον ὑπὸ τῶν ἁγίων καὶ οἰκουμενικῶν συνόδων, εἰ μὲν τῶν ἱερομένων εἴη τις, παντελεῖ καθαιρέσει τοῦτον καθυποβάλλομεν, εἰ δὲ τῶν λαϊκῶν, τῷ ἀναθέματι παραπέμπομεν.«

[38] Vgl. hierzu Bernd Oberdorfer, Filioque. Geschichte und Theologie eines ökumenischen Problems, Göttingen 2001, 134–138.

lesen.[39] Andererseits hatte Patriarch Photius bekanntlich 867 Papst Nikolaus I. als Verfälscher des Symbols durch Einfügung des in seinen Augen häretischen Filioque verurteilen lassen. Dies geschah zwar zu Unrecht, weil die Päpste erst im Jahr 1014 das Glaubensbekenntnis mit der fränkischen Filioque-Klausel in die römische Messliturgie aufnehmen sollten, doch ist es sonnenklar, dass diese Vorwürfe gegenüber der Römischen Kirche den historischen Hintergrund für die Abfassung des Horos von 879/80 bildeten. Umso bemerkenswerter ist es, dass dieser gerade nicht den Wortlaut des Symbols zitiert und auf jeden direkten Hinweis auf den ja durchaus existierenden pneumatologischen Dissens zwischen Ost und West verzichtete. Die Filioque-Problematik war am 3. März 880 im Kaiserpalast von Konstantinopel gewissermaßen der Elefant im Raum, der nicht angesprochen wurde. So konnten beide Seiten diesem Horos vorbehaltlos zustimmen. Wenn man so will, ein kirchendiplomatisches Meisterstück!

Doch was bedeutet nun die Tatsache, dass das Große und Heilige Konzil von Kreta das Konzil von 879/80 als ein Konzil »von universaler Geltung« qualifiziert hat, für die ökumenischen Beziehungen? Nun, sicherlich dies, dass wir uns im Rahmen unseres Dialogs nicht nur mit den bekannten sieben Ökumenischen Konzilien befassen müssen, wie wir dies ja zunächst 2007 auf Schloss Oppurg in Thüringen getan haben und dann 2015 in Hamburg speziell mit dem 7. Ökumenischen Konzil, sondern eben auch den Dialog über den Heiligen Geist, den wir 2018 in Ioannina begonnen haben, fortführen und bezüglich der Filioque-Thematik vertiefen sollten.[40]

---

[39] Vgl. den Text in Actio III (ACO II 1,2, 80, 3–16) mit dem in Actio V (ACO II 1,2, 128, 2–14).

[40] Inzwischen hat die Gemeinsame Internationale Kommission für den Lutherisch-Orthodoxen Dialog am 27.05.2024 eine Empfehlung veröffentlicht, wonach auch in den Lutherischen Kirchen künftig das Nizänum-Konstantinopolitanum in seinem ursprünglichen Wortlaut ohne Filioque verwendet werden soll (vgl. https://lutheranworld.org/resources/document-lutheran-orthodox-common-statement-filioque, abgerufen am 10.11.2024). Zu den vielfältigen Debatten über die theologische, liturgische und kanonische Beurteilung des Filioque vgl. Reinhard Flogaus, Wurzel allen Übels oder soteriologische Notwendigkeit? Zum Verständnis des Filioque in der orthodoxen, römisch-katholischen und evangelischen Theologie des 20. Jahrhunderts, in: Michael Böhnke / Assad Elias Kattan / Bernd Oberdorfer (Hrsg.), Die Filioque-Kontroverse. Historische, ökumenische und dogmatische Perspektiven 1200 Jahre nach der Aachener Synode, Freiburg i. Br. 2011, 134–179.

III.

Die nächsten drei Konzilien, welche die Enzyklika von Kreta ebenfalls als normativ hervorhebt, die Konzilien von 1341, 1351 und 1368, beziehen sich alle auf die hesychastische Gebetspraxis und die Energienlehre des Gregorios Palamas (1296–1359), genauer auf die Unterscheidung von Gottes Wesen und Gottes Energie. Zumindest die ersten beiden dieser Konzilien werden ebenfalls von verschiedenen orthodoxen Theologen in den Rang eines »Ökumenischen Konzils« erhoben, auch wenn bei beiden selbstverständlich keine Vertreter des römischen Stuhls und auch keine Vertreter der anderen griechischen Patriarchate zugegen waren. Neben den bereits erwähnten Theologen John Romanides und Georgios Metallinos hat auch der unlängst verstorbene herausragende Theologe und Metropolit Kallistos Ware (1934–2022) eine solche Einschätzung dieser Konzilien vertreten.[41]

Die orthodoxe Theologie der Gegenwart sieht in der von Palamas vertretenen Distinktion zwischen Wesen und Energie Gottes einen »unverzichtbaren Bestandteil des orthodoxen Glaubens«, und eine Lehre, die von ihrer grundsätzlichen Bedeutung her ebenbürtig neben dem trinitarischen Dogma steht[42] oder zumindest als dessen »konsequente Auslegung und Ausführung« zu gelten hat, ohne welche die »Grundansätze und -folgerungen der klassischen Trinitätslehre« nicht verstanden werden können.[43] Auch wenn nicht die formale Ökumenizität der konstantinopolitanischen Konzilien von 1341, 1347 und 1351 behauptet wird und bei diesen jeweils nur eine vergleichsweise geringe Zahl von Bischöfen zuge-

---

[41] Vgl. Kallistos Ware, The Debate about Palamism, in: ECR 9 (1977), 54: »... the Palamite distinction between essence and energies in God is not simply a private and personal speculation by some 14th-century Byzantine thinkers, but it possesses a *conciliar authority* for the Orthodox Church, since it has been confirmed by councils which Orthodoxy accepts as ecumenical in their significance«; Romanides, Δογματική (s. Anm. 22), 43, bezeichnete das Konzil von 1341 als das 9. Ökumenische Konzil, Georgios Metallinos, Ουνία (s. Anm. 22), 49, die drei Konzilien von 1341, 1347 und 1351: »... Ησυχαστικές Σύνοδοι του 14ου αι. (1341, 1347, 1351) είναι η Θ´ Οικουμενική Σύνοδος της Ορθοδοξίας. Δεν μπορεί να υπάρξει Μεγάλη Σύνοδος της Ορθοδοξίας, που δεν θα τις διακηρύξει ως Οικουμενικές.«

[42] Kallistos Ware, God hidden and Revealed: The Apophatic Way and the Essence-Energies Distinction, in: ECR 7 (1975), 136.

[43] Johannes Panagopoulos, Ontologie oder Theologie der Person? Die Relevanz der patristischen Trinitätslehre für das Verständnis der menschlichen Person, in: KuD 39 (1993), 29f.

gen waren, genießt zumindest der Tomos von 1351 heutzutage de facto den Rang eines im allgemeinen innerhalb der Orthodoxie anerkannten Dogmas.[44]

Nach orthodoxer Auffassung kommt der Palamas'schen Distinktion von Wesen und Energie vor allem aus zwei Gründen eine herausragende Bedeutung zu, die beide zentrale orthodoxe Glaubensinhalte berühren. Zum einen ist diese Distinktion, wie Vladimir Lossky (1903–1958) dies formulierte, »[...] eine theologische Forderung [...], die sich stellt, wenn man den wirklichen und nicht nur metaphorischen Charakter unserer Vergottung aufrecht erhalten will, ohne doch das geschaffene Sein im göttlichen Wesen ganz untergehen zu lassen«.[45] Zum anderen kann mit ihrer Hilfe zwischen »Theologie« und »Ökonomie«, zwischen »äußerem« und »innerem Bereich« der Trinität unterschieden und somit die Auffassung bestätigt werden, dass der Hervorgang des Geistes nichts mit seiner Sendung durch Vater und Sohn zu tun hat.[46] In Palamas sieht man infolgedessen einen der wichtigsten Zeugen für die Ablehnung des Filioque, das Lossky gar als »die einzige, ausschlaggebende Ursache der Trennung zwischen dem Osten und dem Abendland« bezeichnet hat. Der Athener Philosoph Christos Yannaras (1935–2024) ging hier noch einen Schritt weiter und sah in der Unterscheidung des Gregorios Palamas von Wesen und Energien Gottes die entscheidende Bruchstelle zwischen östlicher und westlicher Theologie.[47] Schon allein diese wenigen Hinweise dürften genügen, um zu verstehen, warum das Konzil von Kreta nun die offizielle panorthodoxe Anerkennung dieser Konzilien des 14. Jahrhunderts als Konzilien »von universaler Geltung« ausgesprochen hat. Die Theologie des

---

[44] Karmires, Τα δογματικά (s. Anm. 16), Bd. I, 352: »Γενικῶς δύναται νὰ λεχθῇ, ὅτι ἡ Σύνοδος τοῦ 1351 ἀνύψωσε τὴν διδασκαλίαν τοῦ Γρηγορίου Παλαμᾶ καὶ τοῦ Ἡσυχασμοῦ καθόλου εἰς δόγμα.«; vgl. Vladimir Lossky, Die mystische Theologie der morgenländischen Kirche, Graz 1961, 22: »Später gab es in der orthodoxen Kirche andere allgemeine Konzilien, die, ohne den Titel ›ökumenisch‹ zu tragen, weder weniger zahlreich noch geringer an Bedeutung waren als die ersten.«

[45] Vladimir Lossky, Schau Gottes, Zürich 1964, 131.

[46] Lossky, Mystische Theologie (s. Anm. 44), 105–109.

[47] A. a. O., 73; Christos Yannaras, The Distinction Between Essence and Energies and its Importance for Theology, in: SVTQ 19 (1975), 242: »The problem of the distinction between essence and energies determined definitely and finally the differentiation of the Latin West from the Orthodox East. The West rejected the distinction, desiring to protect the idea of simplicity in the divine essence, since rational thought cannot accept the antinomy ...«.

Gregorios Palamas, und insbesondere seine Energienlehre, sind damit definitiv auch zu einem Thema des ökumenischen Dialogs geworden. Im Zentrum des sogenannten Hesychastenstreits[48] stand die Frage, ob die ewige Gottheit völlig transzendent und unpartizipierbar sei, oder ob Gott für seine irdischen Geschöpfe real erfahr- und partizipierbar, ja, in Gestalt des ungeschaffenen göttlichen Lichts sogar für bestimmte geheiligte Menschen gnadenhaft sichtbar sei. Diese Schau des göttlichen Lichts, die damals insbesondere bei den hesychastischen Asketen des Heiligen Berg Athos verbreitet war, nahm der Mönch Barlaam von Kalabrien (ca. 1290–1348)[49] 1337 zum Anlass, die Hesychasten des Messalianismus zu beschuldigen und zu behaupten, sie würden der abergläubischen Irrlehre anhängen, der Mensch könne mit seinen leiblichen Augen Gott schauen. Der Mönch Gregorios Palamas (1296–1359),[50] der selbst der hesychastischen Bewegung angehörte, versuchte daraufhin, die Schau des göttlichen Lichts mittels der Unterscheidung von Gottes Wesen und Gottes Wirken, von Gottes οὐσία und ἐνέργεια, als rechtgläubig zu verteidigen. Diese Distinktion erlaubte ihm, die Dialektik von Transzendenz und Immanenz Gottes in Bezug auf die Welt so zu beschreiben, dass Gottes eigentliches Sein weder erst jenseits der von den Hesychasten geschauten Realität begann noch dadurch zum bloßen Korrelat jener Schau zu werden drohte. Während Gott in seinem Wesen in sich ruhte und gänzlich unzugänglich war,

---

[48] Zur Vorgeschichte dieses Streites in den Jahren 1334–1340 vgl. Reinhard Flogaus, Nicht von dieser Welt, aber für diese Welt. Die Lehre des Gregorios Palamas über die göttliche Energie, in: Vera von der Osten-Sacken/Walther Zimmerli (Hrsg.), Energeia, Göttingen 2023, 91–96.

[49] Vgl. zu seiner Person und seinem Werk Gerhard Podskalsky, Theologie und Philosophie in Byzanz. Der Streit um die theologische Methodik in der spätbyzantinischen Geistesgeschichte (14./15. Jh.), seine systematischen Grundlagen und seine historische Entwicklung, München 1977; Antonis Fyrigos (Hrsg.), Barlaam Calabro. L'uomo, l'opera, il pensiero. Atti del Convegno internazionale, Reggio Calabria, Seminara, Gerace, 10–11–12 dicembre 1999, Rom 2001; [ders.], Dalla controversia palamitica alla polemica esicastica (con un'edizione critica delle *Epistole greche di Barlaam*), Rom 2005, 67–191.

[50] Vgl. zu seinem Leben und Werk Jean Meyendorff, Introduction à l'étude de Grégoire Palamas, Paris 1959; Reinhard Flogaus, Theosis bei Palamas und Luther. Ein Beitrag zum ökumenischen Gespräch, Göttingen 1997, 40–284; [ders.], Nicht von dieser Welt (s. Anm. 48), 87–123; Robert E. Sinkewicz, Gregory Palamas, in: Carmello Giuseppe Conticello/Vassa Conticello (Hrsg.), La théologie byzantine et sa tradition, Bd. II: XIIIe-XIXe s., Turnhout 2002, 131–182; Georgi Kapriev, Philosophie in Byzanz, Würzburg 2005, 249–308.

konnte er zugleich in seiner Energie der sich Offenbarende und der sich dem Menschen Schenkende sein.

Als Barlaam jedoch nicht nachgab und Palamas und die Hesychasten des Ditheismus und Messalianismus beschuldigte, so dass der Streit weiter eskalierte, hielt Patriarch Johannes XIV. Kalekas (1283–1347) zusammen mit etwas über 30 in der Hauptstadt weilenden Bischöfen und dem Senat am 10. Juni 1341 in Anwesenheit von Kaiser Andronikos III. (1297–1341) in der Hagia Sophia ein Konzil ab. Auf diesem Konzil wurde Barlaams Polemik gegen die Schau des göttlichen Lichts zunächst mittels Väterzitaten und zum Schluss vom Kaiser selbst mit dem Argument zurückgewiesen, dass selbstverständlich »nicht Gottes Natur schaubar« sei, sondern dass die Hesychasten »die göttliche Gnade und Herrlichkeit gesehen haben« und nicht Gottes Wesen. Auch Barlaams Kritik an der hesychastischen Gebetspraxis des unaufhörlichen Jesusgebetes wurde abgewiesen und diese als rechtgläubig anerkannt. Auf Barlaams Ansinnen, über theologische Fragen im engeren Sinn zu debattieren, wie etwa über die Distinktion von Wesen und Energien Gottes und die Rede von zwei oder mehreren Gottheiten, ließen sich der Patriarch und Konzilsväter hingegen nicht ein. Barlaam wurde zum Widerruf seiner Anschuldigungen gegen die Hesychasten verurteilt und die Vernichtung seiner diesbezüglichen Schriften angeordnet. Des Weiteren sollte es künftig niemandem mehr gestattet sein, sich schriftlich oder mündlich zu diesen Fragen zu äußern.[51]

Nachdem der Streit in Konstantinopel über diese Fragen jedoch trotz des ausgesprochenen Verbots und trotz der Abreise Barlaams nach Italien unvermindert weiterging und sich mit dem Bürgerkrieg nach dem Tod von Andronikos III. vermischte, wurde auch Palamas, der ja selbst kein Bischof, sondern nur Mönch war, im Mai oder Juni 1342 wegen unerlaubten Ver-

---

[51] Der Horos der Synode wurde erst nach einer weiteren Synode im Juli 1341 angefertigt, welche offenbar im Tumult geendet hatte und von der sich keine Protokolle erhalten haben; vgl. Jean Darrouzès (Hrsg.), Les régestes des actes du Patriarcat de Constantinople, Bd. I/5: Les régestes de 1310 à 1376, Paris 1977, 165f. (Nr. 2212); zur Juni-Synode vgl. 163f. (Nr. 2210) u. 166–171 (Nr. 2213f.). Der Horos der Junisynode ist ediert in COGD IV/1, 139–152, sowie zweisprachig in Herbert Hunger u. a. (Hrsg.), Das Register des Patriarchats von Konstantinopel, Bd. II: Edition und Übersetzung der Urkunden aus den Jahren 1337–1350, Wien 1995, 208–257 (Nr. 132); hierauf basiert auch die englische Übersetzung bei Norman Russell (Hrsg.), Gregory Palamas. The Hesychast Controversy and the Debate with Islam. Documents relating to Gregory Palamas, Liverpool 2020, 214–230. Die Edition bei Karmires, Τα δογματικά (s. Anm. 16), Bd. I, 354–366, ist damit überholt. Zur Vernichtung von Barlaams Werken vgl. Darrouzès, 164f. (Nr. 2211).

fassens von Kontroversschriften verurteilt und einige Monate später in Haft genommen.[52] Nach zeitweiliger Flucht in die Hagia Sophia[53] wurde Palamas Anfang November 1344 exkommuniziert, wobei dieses Urteil von den Patriarchen Ignatios II. von Antiochen († ca. 1363) und Gerasimos von Jerusalem († 1349) sowie von der Regentin Anna von Savoyen (ca. 1306– 1360) bestätigt wurde.[54] Nach der Einnahme Konstantinopels durch Johannes Kantakouzenos († 1383) im Februar 1347 erlangte Palamas wieder die Freiheit. Sein Anhänger und Schüler Isidoros Bucheiras († 1350) wurde zum Patriarchen erhoben und Gregorios Palamas zum Metropoliten von Thessaloniki geweiht. Im Mai/Juni 1351 hat dann ein weiteres Konzil, das im Blachernenpalast unter dem Vorsitz von Kantakouzenos stattfand, Palamas' Theologie, in deren Zentrum die Unterscheidung von Gottes Wesen und Gottes Energie steht, als orthodox anerkannt.[55] Nachdem die kultische Verehrung des Verteidigers der Heychasten schon unmittelbar nach seinem Tod 1359 eingesetzt hatte, wurde er 1368 auf einer weiteren Synode durch Patriarch Philotheos Kokkinos (ca. 1300 – ca. 1377), seinen Anhänger und Freund, heiliggesprochen. Merkwürdigerweise wurden jedoch die Tomoi beider Konzilien nicht in das Register des Patriarchats von Konstantinopel aufgenommen.

Theologisch gesehen ist das Konzil von 1351 mit Abstand das bedeutendste der drei in der Enzyklika von Kreta genannten »Großen Konzilien, die zu Zeiten des hl. Gregorios Palamas einberufen wurden«. Auch im Hinblick auf die (im Vergleich zum Konzil von 879/80 immer noch sehr kleine) Anzahl von etwas über 30 anwesenden Bischöfen war es die größte

[52] Vgl. den Bericht des Patriarchen an die Athosmönche vom November 1344, der auch nochmals den Ablauf der Synode von 1341 schildert, bei Hunger, Das Register (s. Anm. 51), 326–338 (Nr. 145); vgl. Darrouzès, Les régestes (s. Anm. 51), 197 f. (Nr. 2251).
[53] Vgl. hierzu Antonio Rigo, Gregorio Palamas rifugiato a S. Sofia (inizi febbraio – inizi aprile 1343), in: Silvia Pedone / Andrea Paribeni (Hrsg.), »Di Bisanzio dirai ciò è passato, ciò che passa e che sarà«. Scritti in onore di Alessandra Guiglia, Rom 2018, 205–215.
[54] Vgl. Darrouzès, Les régestes (s. Anm. 51), 194 f. u. 199 f. (Nr. 2249 u. 2252); zu Ignatios, der an der Synode im Herbst 1344 selbst teilnahm, sowie zu Gerasimos vgl. Gregorios Akindynos, Epistula 50 (Angela Constantinides Hero [Hrsg.], Letters of Gregory Akindynos. Greek Text and English Translation, Washington 1983, 214, 98–110 und 216, 123–126); zu den kaiserlichen προστάγματα vgl. PG 150, 893AB.
[55] Zu dem im Patriarchatsregister fehlenden Text der Synode von 1351 vgl. COGD IV/1, 179–218, = Karmires, Τα δογματικά (s. Anm. 16), Bd. I, 374–406; für eine englische Übersetzung vgl. Russell, Gregory Palamas (s. Anm. 51), 327–376.

Versammlung dieser drei hesychastischen Konzilien. Das Konzil von 1351 erneuerte die Verurteilung der Gegner des Palamas, namentlich von Barlaam von Kalabrien und dem ursprünglich mit Palamas befreundeten Mönch Gregorios Akindynos (ca. 1300–1348). Es hat einerseits die (von Palamas zeitweilig gebrauchte) Rede von zwei Gottheiten,[56] einer übergeordneten und einer untergeordneten, verworfen,[57] andererseits aber die Unterscheidung zwischen dem göttlichen Wesen und der göttlichen Energie abschließend gebilligt. Auch die Bezeichnung »Gottheit« (θεότης) für die göttliche Energie wurde von den Bischöfen als mit den Vätern im Einklang stehend anerkannt. Weiter wurde von diesem Konzil die Ungeschaffenheit der göttlichen Energie bestätigt, und die Aussage, dass das göttliche Wesen der göttlichen Energie übergeordnet sei, als orthodox anerkannt. Dennoch sei Gott, der Wesen und Energie sei, nicht zusammengesetzt. Partizipierbar jedoch sei nicht Gottes Wesen, sondern nur Gottes Energie.[58]

Das letzte der drei[59] in der Enyklika genannten hesychastischen Konzilien fand im März und April 1368 statt. Es war gegen einen weiteren Gegner von Palamas' Theologie gerichtet, Prochoros Kydones (ca. 1330 – ca. 1369),[60] und sollte den Streit um die Theologie des Palamas endgültig beenden. Prochoros, ein gelehrter Priestermönch der Großen Lavra, des-

---

[56] Vgl. hierzu die ursprüngliche Fassung von Palamas' 3. Brief an Akindynos: »῎Εστιν ἄρα θεότης ὑφειμένη κατὰ τοὺς θεοσόφους θεολόγους, δῶρον οὖσα τῆς ὑπερκειμένης.« (ediert bei Nadal Cañellas, Juan, La rédaction première de la Troisième lettre de Palamas à Akindynos, in: OCP 40 [1974], 252, 10–12; vgl. hierzu Renate Burri, New Evidence on Gregory Akindynos' Writings and Their Manuscripts, in: [dies.]/Katharina Heyden [Hrsg.], The Role of Akindynos in the Hesychast Controversy, Paderborn 2024, 16–18). Ähnlich ambivalent wie in seinem Brief an Akindynos war Palamas auch an anderer Stelle, vgl. z. B. Dial. Orth. et Barl. 27 (Συγγ. 2, 189, 19–23 Chrestou): »μία γάρ ἐστι τῶν τριῶν ὑποστάσεων θεότης, ἤτοι φύσις καὶ οὐσία ὑπερούσιος, ... Εἰ δέ τις ἄλλη τῶν ἐνεργειῶν παρὰ τῶν ἁγίων λέγοιτο θεότης, εἴτε μία εἴτε δύο εἴτε πλείους ...«; Ep. Ad Dionysium 10 (Συγγ. 2, 487, 15–18 Chrestou): »ὅταν λέγῃ τις ἄκτιστον θεότητα τὴν θείαν μόνην οὐσίαν οὐκ ἀσφαλῆ προΐεται λόγον· οὐ μόνη γὰρ αὕτη ἡ ἄκτιστός ἐστι θεότης, ἀλλὰ καὶ ἡ ἀξία καὶ ἡ ἐξουσία τοῦ θεοῦ ...«
[57] Vgl. COGD IV/1, 184, 216 – 186, 272.
[58] A. a. O., 192, 501 – 212, 1228.
[59] In der Aufzählung der Enyklika fehlt merkwürdigerweise das Konzil von 1347 (vgl. a. a. O., 159–170; Hunger, Das Register [s. Anm. 51], 346–382), das erste, bei dem die Theologie des Palamas offiziell anerkannt worden war. In Abwesenheit des Patriarchen waren damals nur elf Metropoliten zugegen.
[60] Zu seinem Leben und Werk vgl. Antonio Rigo, Il Tomo sinodale del 1368, in: [ders.] (Hrsg.), Gregorio Palamas e oltre. Studi e documenti sulle controversie teologiche del XIV secolo bizantino, Florenz 2004, 20–49.

sen Bruder Demetrios (ca. 1324-1397) der Mesazon (Leitender Minister) von drei Kaisern war, hatte - teilweise gemeinsam mit seinem Bruder - zahlreiche Werke lateinischer Theologen (Hieronymus, Augustinus, Thomas von Aquin) ins Griechische übersetzt. In seiner wohl um 1367 verfassten Schrift »Über das Wesen und die Energie« versuchte er unter Rückgriff auf die aristotelische Philosophie und auf Thomas von Aquin Aporien und Widersprüche in der Energienlehre des Palamas aufzuzeigen. Mit der Rückkehr von Philotheos Kokkinos,[61] einem engen Gefolgsmann des Palamas, auf den Patriarchenstuhl im Jahr 1364 wurde die Lage für Prochoros, der nicht nur die Energienlehre des Palamas ablehnte, sondern natürlich auch den von Philotheos maßgeblich mitverfassten Tomos von 1351, zunehmend schwierig. Als er dann auch noch gegen die auf dem Athos um sich greifende kultische Verehrung des um 1359 verstorbenen Palamas protestierte, berief der Patriarch im März 1368 eine Synode ein, an der allerdings nur acht Metropoliten und drei weitere Bischöfe teilnahmen. Auch der Kaiser war nicht anwesend, doch wurde der Tomos nachträglich von den Patriarchen von Alexandrien und Jerusalem unterzeichnet sowie von 14 weiteren Klerikern, so dass der Synode von 1368 doch noch eine größere Autorität zuerkannt werden konnte.[62]

Prochoros Kydones wurde von dieser Synode als Anhänger von Barlaam und Akindynos verurteilt, laisiert und exkommuniziert. Der Tomos von 1351 hingegen wurde im Tomos von 1368 als »Säule der Orthodoxie« und »unfehlbare Richtschnur der gesunden Lehren unseres heiligen Glaubens« bezeichnet.[63] Zugleich gestattete der Patriarch und die Synode nun auch offiziell die Heiligenverehrung des Gregorios Palamas, die auf dem Athos, in Thessaloniki, Konstantinopel und Kastoria bereits vor einiger Zeit eingesetzt hatte.[64] Philotheos selbst hatte schon einige Jahre zuvor ein Enkomion und eine Akoluthie für Gregorios Palamas verfasst.[65] Dieser Akt der Kanonisierung des verstorbenen Metropoliten von Thessaloniki

---

[61] Zu ihm vgl. PLP 5 (1981), Nr. 11917; Reinhard Flogaus, [Art.] Philotheos Kokkinos, RGG⁴ 6 (2003), 1316.
[62] Ediert bei Rigo, Il Tomo (s. Anm. 60), 99-134; zu den Subskriptionen vgl. a. a. O., 72-77; englische Übersetzung bei Russell, Gregory Palamas (s. Anm. 51), 417-447; vgl. Darrouzès, Les régestes (s. Anm. 51), Nr. 2541.
[63] A. a. O., 130, 848 - 131, 2.
[64] A. a. O., 125, 715 - 127, 785; vgl. Antonio Rigo, La canonizzazione di Gregorio Palama (1368) ed alcune altre questioni, in: RSBN 30 (1993), 155-202.
[65] Zum Enkomion vgl. PG 151, 551-656, sowie Demetrios G. Tsames, Φιλοθέου Κωνσταντινουπόλεως τοῦ Κοκκίνου Ἁγιολογικὰ ἔργα, Bd. I: Θεσσαλονικεῖς Ἅγιοι, Thessaloniki 1985, 425-591; zur Akoluthie vgl. Basileios E. Bouloudakes,

dürfte wohl der Grund sein, weshalb die Enzyklika des Heiligen und Großen Konzils von Kreta auch diese im Patriarchatsregister ebenfalls fehlende Synode zu den Konzilien von »universaler Geltung« rechnet. Doch angesichts der enormen Bedeutung, welche die Theologie des Gregorios Palamas heutzutage für die Orthodoxe Kirche hat, ist diese Entscheidung nicht überraschend. Vor dem Hintergrund der schon seit mehr als einem Jahrhundert andauernden westlichen Kritik am Palamismus, hauptsächlich von römisch-katholischer, aber auch von protestantischer Seite, ist zu vermuten, dass von den zehn in der Enzyklika von Kreta genannten Konzilien das Konzil von 1351 im Blachernenpalast dasjenige sein dürfte, über welches am meisten ökumenisch debattiert werden wird. Doch auch die weiteren in der Enzyklika aufgeführten Konzilien sind durchaus von ökumenischer Brisanz.

IV.

Im Jahr 1484 fand in Konstantinopel, in der Pammakaristoskirche, am damaligen Sitz des Patriarchats, ein weiteres Konzil statt, welches sich selbst als »ökumenisch« bezeichnete.[66] Einberufen wurde es von Patriarch Symeon I. (Trapezuntios) von Konstantinopel (Patriarch: 1465; 1471–1475; 1482–1486) und anwesend waren auch die Patriarchen von Alexandrien, Antiochien und Jerusalem. Dieses Konzil verwarf das Unionskonzil von Florenz und sein Dekret »Laetentur Coeli« vom 6. Juli 1439, insbesondere den Hervorgang des Geistes auch aus dem Sohn, wobei man diesbezüglich unter anderem auf den Horos des ebenfalls als »ökumenisch« bezeichneten Konzils von 879/80 verwies.[67] Umgekehrt definierte das Konzil von 1484 nun, dass der Heilige Geist »aus Gott und dem Vater hervorgehe, das heißt allein aus seiner wesensmäßigen väterlichen Hypostase«.[68] Außerdem hat dieses Konzil auch den Gebrauch der Azymen und die übrigen Lehrpunkte des Unionsdekrets für die Griechen verworfen.[69]

Ἀκολουθία τοῦ ἐν ἁγίοις πατρός ἡμῶν Γρηγορίου ἀρχιεπισκόπου Θεσσαλονίκης τοῦ θαυματουργοῦ τοῦ Παλαμᾶ, Piräus 1978, 72–136.

[66] Der Horos ist publiziert in COGD IV/1, 225–228; zur Selbstbezeichnung als »ökumenisch« vgl. a. a. O., 225, 3 u. 226, 70–227, 71.
[67] A. a. O., 226, 54–60.
[68] A. a. O., 227, 80f.
[69] A. a. O., 227, 107–228, 111.

Neben dem dogmatischen Horos hat das Konzil von 1484 aber auch eine Agende (Ἀκολουθία) für den Übertritt von Katholiken zur Orthodoxen Kirche erlassen, die insofern bedeutsam ist, als im Gegensatz zu der damals verbreiteten Wiederholung der Taufe diese Agende nur eine Verwerfung des Filioque und der übrigen Lehren des Konzils von Florenz, ein Bekenntnis zum orthodoxen Glauben und den heiligen Kanones vorsah und anschließend lediglich die Myronsalbung vollzogen wurde.[70] 1755 sprach sich allerdings eine weitere Synode unter Vorsitz des Ökumenischen Patriarchen Kyrillos V. (†1775) für die Wiederholung der Wassertaufe auch bei den Katholiken aus, bis schließlich 1875 das Ökumenische Patriarchat unter Joachim II. (1802–1878) die Entscheidung über die Art und Weise der Aufnahme westlicher Christen in die Orthodoxe Kirche der Entscheidung den Bischöfen und Synoden anheimstellte.[71]

Vor diesem Hintergrund und unter Hinweis auf das heutzutage in der Regel fehlende dreifache Untertauchen des Täuflings bei einer katholischen Taufe wurde im Anschluss an das Heilige und Große Konzil von Kreta auch von orthodoxer Seite die 1484 vorgeschriebene Praxis zur Aufnahme von Katholiken in die Orthodoxe Kirche als de facto obsolet bezeichnet und damit implizit die Aufnahme gerade dieses Konzils in die »Konzilien von universaler Geltung« kritisch hinterfragt. Schon vor dem Konzil von Kreta hatte die Orthodoxe Kirche von Griechenland darauf gedrungen, dass die 1484 dekretierte Praxis ausdrücklich nur als »κατ' οἰκονομίαν« möglich bezeichnet werden solle und zugleich festzuhalten sei, dass damit nicht die Gültigkeit einer heterodoxen Taufe durch die Orthodoxe Kirche anerkannt werde.[72]

Die nächsten vier in der Enzyklika von Kreta aufgeführten Konzilien – von 1638, 1642, 1672 und 1691 – wurden sämtlich einberufen »um protes-

---

[70] Vgl. Rhalles/Potles, Σύνταγμα (s. Anm. 19), Bd. V, Athen 1855, 143–147. Auch hier wird dieses Konzil in der Einleitung ausdrücklich als »ökumenisch« bezeichnet. Eine englische Übersetzung der Akoluthie findet sich bei George Dragas, The Manner of Reception of Roman Converts into the Orthodox Church with Special reference to the Decisions of the Synods of 1484 (Constantinople), 1755 (Constantinople) and 1667 (Moscow), in: GOTR 44 (1999), 238–241.
[71] Vgl. hierzu Dragas, The Manner (s. Anm. 70), 242–250.
[72] Vgl. hierzu die Ausführungen des Metropoliten von Nafpaktos Hierotheos Vlachos unter https://www.orthodoxethos.com/post/the-decisions-of-the-hierarchy-of-the-church-of-greece-on-the-holy-and-great-council (abgerufen am 10.11.2024). Stattdessen ist in der dann beschlossenen Fassung des Dekrets über die Beziehungen der Orthodoxen Kirche zur übrigen christlichen Welt der in Abschnitt 20 (Synodos [s. Anm. 11], 64) ursprünglich vorgesehene Hinweis auf can. 7 von 381 und can. 95 des Concilium Quinisextum (691/92) ersatzlos gestrichen worden.

tantische Lehrmeinungen zurückzuweisen«.[73] Anlass hierfür war das 1629 in lateinischer und 1633 auch in griechischer Sprache veröffentlichte Bekenntnis des Ökumenischen Patriarchen Kyrillos I. Loukaris (1570-1638).[74] Dieses Privatbekenntnis des Patriarchen, das unter dem Einfluss des niederländischen Gesandtschaftspredigers Antoine Léger (1594-1661) entstanden ist, sollte, wie auch die von ihm in Auftrag gegebene volkssprachliche Übersetzung des Neuen Testaments durch Maximos Kallioupolites (1600-1633),[75] der Verbesserung der religiösen Bildung der Griechen dienen. Tatsächlich löste die Erscheinung dieses Bekenntnisses des Patriarchen jedoch einen Sturm der Empörung sowohl von orthodoxer wie auch von römisch-katholischer Seite aus, da es zahlreiche westliche oder sogar dezidiert protestantische Lehraussagen enthielt. So findet sich etwa gleich im 1. Artikel die Aussage, der Geist gehe »aus dem Vater durch den Sohn« hervor, im 2. Artikel wird die Autorität der Heiligen Schrift über die Autorität der Kirche gestellt, im 3. Artikel die Prädestination der Erwählten und die Verwerfung aller anderen gelehrt, im 8. Artikel eingeschärft, dass allein Christus Fürsprecher und Mittler der Gläubigen sei, im 10. Artikel wird gelehrt, dass allein Christus das Haupt der Kirche sei und einzelne Menschen nur das vornehmste Glied einer Teilkirche sein könnten, im 12. Artikel wird erklärt dass die Kirche »in via« irren könne, im 13. Artikel heißt es, die Rechtfertigung geschehe aus Glauben und nicht aus Werken und das Heil werde durch die Zurechnung der Gerechtigkeit Christi erlangt, im 14. Artikel wird gelehrt, dass der freie Wille in den nicht Wiedergeborenen nur sündigen könne, im 15. Artikel wird lakonisch festgestellt, Christus habe nur zwei Sakramente für die Kirche eingesetzt, im 17. Artikel

---

[73] Synodos (s. Anm. 11), 23 u. 111.
[74] Confessio Fidei Reverendissimi Domini Cyrilli Patriarchae Constantinopolitani nomine et consensu Patriarcharum Alexandrini et Hierosolymitani ..., Constantinopoli Mense Maio Anni M.D.CXXIX. (vgl. Emile Legrand, Bibliographie héllénique ou déscription raisonée des ouvrages publiés par des Grecs au XVIIe siècle, Bd. I, Paris 1894 [ND Brüssel 1963], 267f. [Nr. 189]); Κυρίλλου πατριάρχου Κωνσταντινουπόλεως ὁμολογία τῆς Χριστιανικῆς πίστεως ..., Genevæ, Excudebat Iohannes de Tournes. Anno MDCXXXIII. (a.a.O., 315–321 [Nr. 225]). Das handschriftliche griechische Original befindet sich in der Öffentlichen Bibliothek in Genf. Zu Kyrills Leben und Werk vgl. Podskalsky, Theologie (s. Anm. 49), 162–180; zu den politischen Hintergründen vgl. Gunnar Hering, Ökumenisches Patriarchat und europäische Politik 1620-1638, Wiesbaden 1968.
[75] Καινὴ Διαθήκη τοῦ Κυρίου ἡμῶν Ἰησοῦ Χριστοῦ, δίγλωττος, ... διὰ τοῦ μακαρίτου κυρίου Μαξίμου τοῦ Καλλιουπολίτου ..., Genf 1638 (vgl. Legrand, Bibliographie [s. Anm. 74], 363–388 [Nr. 267]).

wird die Transsubstantiation verworfen und die Bedeutung des Glaubens für den Empfang des Abendmahls betont, und im 18. Artikel wird die Fegefeuerlehre abgelehnt. In der zweiten Auflage der »Confessio« wurden dann noch vier Fragen und Antworten hinzugefügt, in denen festgehalten wird, 1. dass es ein Unrecht sei, die Gläubigen vom Hören und Lesen der Heiligen Schrift fernzuhalten, 2. dass für die durch den Heiligen Geist Wiedergeborenen die Heilige Schrift klar und verständlich sei, 3. dass die Apokryphen keine Bestätigung durch den Heiligen Geist erlangt hätten und 4. dass die Bilder von Christus und den Heiligen zwar nicht abgelehnt würden, dass sie aber nicht angebetet und verehrt werden sollten.[76]

Aufgrund einer Verleumdung durch seinen Widersacher und Rivalen um den Patriarchenthron Kyrillos Kontares (1593–1641), der gegenüber der Hohen Pforte behauptet hatte, der Patriarch konspiriere gegen den Sultan mit dem Russischen Reich, wurde Kyrillos Loukaris verhaftet und am 27. Juni 1638 von Janitscharen erdrosselt. Kyrillos Kontares, der mit Hilfe der Jesuiten und der Kurie schon zweimal kurzzeitig Loukaris als Patriarch abgelöst hatte (1633, 1635/6), wähnte sich nun endgültig am Ziel, als er ein drittes Mal zum Patriarchen erhoben wurde. Im September 1638 ließ er seinen Vorgänger auf einem Konzil als calvinistischen Häretiker und heimtückischen Betrüger verurteilen. Im Einzelnen wird Kyrill beschuldigt, falsch über das Verhältnis von Heiliger Schrift und Kirche gedacht zu haben, falsch über den freien Willen des Menschen und die guten Werke, über die sieben Sakramente und über die Verwandlung von Brot und Wein in Leib und Blut Christi, über den Aufenthaltsort der Verstorbenen und die Fürbitten für die Toten. Außerdem wird Loukaris als »neuer Bilderbekämpfer« bezeichnet, da er in seiner »Confessio« die Anbetung (λατρεία, θρησκεία) der Bilder als mit der Heiligen Schrift unvereinbar verworfen habe.[77]

Auffällig an diesem »Lasterkatalog« in elf Anathematismen gegen Loukaris ist, dass ausgerechnet der Hervorgang des Geistes aus dem Vater durch den Sohn fehlt, all jene Punkte aber, die nicht mit der römisch-katholischen Lehre übereinstimmen, als häretisch denunziert werden. Tatsächlich hat die Editorin des Horos, Niki Papaïliaki, die Vermutung geäußert, der Tomos, von dem keine Originalhandschrift zu existieren scheint, basiere vielleicht nicht auf einer Synode, sondern sei vorab von katho-

---

[76] Der griechische Text der 18 Artikel und 4 Fragen ist abgedruckt bei Karmires, Τα δογματικά (s. Anm. 16), Bd. II, 645–650.
[77] COGD IV/1, 247–251. Damit ist die Edition bei Karmires, Τα δογματικά (s. Anm. 16), Bd. II, 652–655, überholt.

lischer Seite bei Kontares in Auftrag gegeben worden und anschließend den Patriarchen, Bischöfen und weiteren Klerikern zur Unterschrift vorgelegt worden. Fraglich sei auch, ob die Patriarchen von Alexandrien und Jerusalem überhaupt vor Ort in Konstantinopel waren. Der Tomos trägt zwar heutzutage ihre Unterschriften sowie diejenigen von 24 weiteren Bischöfen, jedoch ist sicher belegt, dass Patriarch Kyrillos II. Kontares noch am 20. Oktober 1638 brieflich versuchte, Patriarch Metrophanes I. Kritopoulos von Alexandrien (1589–1639), einen Freund und Mitarbeiter des ermordeten Patriarchen, zur Unterschrift zu bewegen. Ob dieser tatsächlich vor seinem Rückzug in die Walachei und seinem frühen Tod dort das Synodaldekret unterschrieben hat, ist unsicher. Auch Patriarch Theophanes von Jerusalem hatte Kyrillos Loukaris im Kontext des Erscheinens seiner »Confessio« eigentlich unterstützt.[78]

Sicher hingegen ist, dass Kyrillos II. Kontares, der Initiator dieses (vielleicht gar nicht stattgefunden habenden) Konzils »von universaler Bedeutung«, am 15. Dezember 1638 in Konstantinopel ein römisch-katholisches, von Urban VIII. (1568–1644) für die Orientalen vorgeschriebenes Glaubensbekenntnis unterzeichnet hat, das nicht nur das Filioque, die Azymen, die Fegefeuer-, Transsubstantiations- und Ablasslehre sowie den universalen Jurisdiktionsprimat des Papstes anerkannte, sondern auch das antiphotianische Konzil von 869/70 sowie das Konzil von Florenz als »Ökumenische Konzilien«.[79] Doch dies hat ihm nicht viel geholfen. Am 19. Juni 1639 wurde auch er verhaftet und nach Nordafrika deportiert, wo er im folgenden Jahr hingerichtet wurde.

Im Mai 1642 fasste die Heilige Synode in Konstantinopel unter Patriarch Parthenios I. (†1646) abermals einen Beschluss gegen die »Confessio« des Loukaris. Dieses Dokument wurde sodann an eine kurz darauf, vom 15. September bis zum 27. November in Iași tagende Synode gesandt, welche auf Betreiben des dem Katholizismus gegenüber aufgeschlossenen Fürsten Vasile Lupu stattfand. Diese Synode bestätigte die Verurteilung der »Confessio« und bat den moldanischen Fürsten in einem weiteren Schreiben um die Drucklegung dieser Beschlüsse.[80] Von dieser Synode in Iași wurde außerdem die von Meletios Syrigos (1585–1663) ins Griechische übersetzte

---

[78] Vgl. die Einleitung zur Edition des Horos in COGD IV/1, 238f. u. 242.
[79] Die eigenhändig von Kyrillos Kontares aus Berrhoia unterzeichnete und von dem kaiserlichen Gesandten in Konstantinopel, Johann Rudolf Schmid (1590–1667), beglaubigte gedruckte »Professio Orthodoxae Fidei ab orientalibus facienda...« (Rom 1638) befindet sich im Archiv der Glaubenskongregation, St.St. I 5 d, Fasz. 118.
[80] COGD IV/1, 259–263.

»Confessio Orthodoxa« des Kiewer Metropoliten Petrus Mogilas (1596–1646), ein stark von der römisch-katholischen Theologie geprägtes Werk, das nach Art eines römisch-katholischen Katechismus aufgebaut ist, als authentischer Ausdruck der orthodoxen Lehre angenommen. Unübersehbar ist der katholische Einfluss, speziell in der Sakramentenlehre, wo die scholastische Unterscheidung von Materie, Form und Intention des Spenders das begriffliche Gerüst der Ausführungen bildet. Auch wurde von Mogilas selbstverständlich für die eucharistische Wandlung der lateinische Begriff »transsubstantiato« verwendet, den Syrigos getreu mit »μετουσίωσις« ins Griechische übertrug. Diese griechische Fassung von Moglias »Confessio« wurde dann auf einer weiteren Synode am 11. März 1643 in Konstantinopel von Patriarch Parthenios und seinen drei griechischen Amtskollegen offiziell als »Orthodoxes Glaubensbekenntnis der katholischen und apostolischen Kirche des Ostens« angenommen.[81]

Der Beschluss der ständigen Heiligen Synode des Ökumenischen Patriarchats vom Mai 1642, den die Enzyklika von Kreta zu einem »Konzil von universaler Geltung« erklärt hat, beschränkt sich hingegen darauf, Punkt für Punkt in knapper Form die Aussagen der »Confessio« des Loukaris als eine »der calvinistischen Häresie anhängende« Lehre zurückzuweisen. Lediglich beim 7. Artikel der »Confessio«, der der Inkarnation gewidmet ist, hatte die Synode nichts einzuwenden. Die übrigen 17 Artikel sowie die in der zweiten Auflage der »Confessio« hinzugefügten vier Fragen wurden hingegen als Häresien verworfen. Im Unterschied zum Horos von 1638 gilt die Verurteilung hier der »Confessio« und nicht mehr dem Patriarchen selbst. Allerdings hat Kyrillos Loukaris nie bestritten, der Autor dieses Bekenntnisses zu sein, was auch das in Genf aufbewahrte Autograph eindeutig belegt. Angesichts dieser Sachlage und der normativen Bedeutung der Synoden von 1638 und 1642 für die Orthodoxe Kirche ist es nun aber in der Tat erstaunlich, dass das Griechisch-Orthodoxe Patriarchat von Alexandrien Kyrillos Loukaris am 6. Oktober 2009 kanonisiert hat und dass das Ökumenische Patriarchat am 11. Januar 2022 den Autor der »Confessio« ebenfalls zum Heiligen erklärt hat. Sein Gedenktag ist sein Todestag (27. Juni).

Im Januar 1672 tagte in Konstantinopel eine größere Synode[82] unter dem Vorsitz von Patriarch Dionysios IV. Muselimes (†1696). Anwesend waren auch drei seiner Vorgänger sowie der Patriarch von Alexandrien und 40 weitere Bischöfe. Der Anlass hierfür war der französische Eucha-

---

[81] Vgl. Karmires, Τα δογματικά (s. Anm. 16), Band II, 665 sowie 672f.; zum griechischen Text von Mogilas »Confessio« vgl. a. a. O., 673–766.
[82] A. a. O., 769–774.

ristiestreit, der unter anderem durch die calvinisierende »Confessio« von Kyrillos Loukaris einerseits sowie die katholisierende »Confessio« von Mogilas andererseits ausgelöst worden war. Dabei ging es im Kern um die Frage, ob die Lehre der Transsubstantiation tatsächlich auch im Osten eine lange Tradition habe und sich – wie die Katholiken behaupteten – bis zur frühen Christenheit zurückverfolgen lasse oder nicht.[83] Hinzu kamen verschiedene Anfragen englischer Theologen und Kleriker, die ganz unterschiedliche Dinge betrafen, wie z. B. die Anzahl der Sakramente, das Bischofsamt, die Ekklesiologie, den Zölibat, die Fastenpraxis, die Ikonenverehrung und anderes mehr. Auf all diese Fragen versuchte die Synode von 1672 zu antworten und bestätigte beispielsweise die Siebenzahl der Sakramente, die Wandlung (μεταποίησις) der Abendmahlselemente im Moment der Epiklese, den Opfercharakter der Eucharistie sowie die Verehrung und Anrufung der Heiligen als Mittler, durch welche wir göttliche Hilfe erbitten. Die Ikonenverehrung, so der Tomos der Synode, habe schon in der Zeit der Apostel angefangen und der Kirche sei es erlaubt, Fasten und die Enthaltsamkeit von bestimmten Speisen anzuordnen. Gerade dieser Text zeigt deutlich, dass ausgelöst durch den Versuch der abendländischen Kirchen, das östliche Christentum als Verbündeten in der Auseinandersetzung zwischen Protestantismus und Katholizismus zu gewinnen, im 17. Jahrhundert nun auch in der Orthodoxen Kirche ein Prozess der Konfessionalisierung einsetzte, wobei überwiegend katholische Positionen übernommen oder diese an orthodoxe Gegebenheiten adaptiert wurden.

Die letzte dieser antiprotestantischen Synoden fand 1691 unter Patriarch Kallinikos II. (1630–1702) in Konstantinopel statt. Dieses Mal ging es erneut um die Transsubstantiationslehre, die auch im Osten ihre Gegner hatte. Ausgelöst wurde der Streit durch die »Confessio« des Patriarchen Dositheos II. von Jerusalem (1641–1707),[84] einem Gegenbekenntnis zur »Confessio« des Loukaris, das ebenfalls in 18 Artikel und vier Fragen untergliedert ist. Dieses Bekenntnis wurde von einer Synode aus Anlass der Wiedereinweihung der Geburtskirche in Bethlehem im Jahr 1672, an der 71 Bischöfe und Kleriker teilnahmen, als Ausdruck der orthodoxen Lehre anerkannt. In ihr hatte der Patriarch im 17. Artikel über die Eucharistie ohne Scheu wiederholt die Worte »μετουσίωσις« und »μετουσιοῦσθαι« verwendet. Hieran sowie an demselben Terminus in der »Confessio« des

---

[83] Vgl. hierzu Podskalsky, Theologie (s. Anm. 49), 285f. u. 392–396.
[84] Karmires, Τα δογματικά (s. Anm. 16), Bd. II, 826–853.

Mogilas nahm Johannes Karyophylles (1600–1692),[85] Großlogothet der Kirche von Konstantinopel, Anstoß, da er in dieser Begrifflichkeit eine »lateinische Neuerung« sah, die nicht der orthodoxen Tradition entsprach. Die Konstantinopolitanische Synode, zu der er deshalb im Frühjahr 1691 vorgeladen wurde und vor der er seine Ansichten widerrufen musste, hielt in ihrem Tomos ausdrücklich fest, dass der Begriff »μετουσίωσις« für die Eucharistie nichts der orthodoxen Tradition Fremdes sei, keine Übernahme aus der westlichen Kirche, sondern die echte und eigene Lehre der Orthodoxen Kirche. Unumstritten war dies allerdings nicht. So äußerte etwa Metropolit Meletios II. von Athen (1661–1714) in seiner zu Beginn des 18. Jahrhunderts verfassten »Kirchengeschichte« durchaus Verständnis für Karyophylles und erklärte, die Verurteilung sei erfolgt, um ihn aus seinem Amt als Großlogothet zu entfernen.[86] Außer Kallinikos II. nahm an dieser Synode auch Dositheos II. von Jerusalem teil sowie 7 weitere Metropoliten und einige Mitglieder der Patriarchatsverwaltung.

Das letzte Konzil, welches das Heilige und Große und Heilige Konzil von Kreta in seiner Enzyklika als ein »Konzil von universaler Geltung« aufführt, fand vom 29. August bis 12. September 1872 in der Georgioskirche des Phanar statt. Es bezeichnete sich selbst als ein »Heiliges und Großes Konzil«, welches sich zur Erörterung der »Bulgarischen Frage« versammelt habe. Hintergrund war das Schisma der Bulgaren unter ihrem Exarchen Antim (1816–1888) vom 11. Mai 1872. An dem Konzil unter dem Vorsitz des Ökumenischen Patriarchen Anthimos VI. (ca. 1790–1878) nahmen drei seiner Vorgänger, die Patriarchen von Alexandrien, Antiochien und Jerusalem, der Erzbischof von Zypern und 25 weitere Bischöfe teil. In seinem Tomos wurde der sogenannte »Phyletismus«, »ethnische Absonderung«, »Streit« und »Neid« zwischen Völkern als »der Lehre des Evangeliums und den heiligen Kanones und seligen Vätern widersprechend« verurteilt. Antim und die anderen bulgarischen Bischöfe sowie alle Kleriker und Laien, die mit ihnen Gemeinschaft haben, wurden sodann

---

[85] Vgl. zu seinem Leben und Werk Podskalsky, Theologie (s. Anm. 49), 237–242.
[86] COGD IV/1, 337–341 = Karmires, Τα δογματικά (s. Anm. 16), Bd. II, 859–863; die entsprechende Passage zur »μετουσίωσις« in COGD IV/1, 339, 108–340, 113 = Karmires, Τα δογματικά, Bd. II, 86. Zu Meletios' Einschätzung des Vorgangs vgl. Kostas Sarris, Composing and Publishing a Non-Confessional History in the Age of Greek Orthodox Confessions. The Ecclesiastical History by Meletios of Athens, in: Aurélien Girard/Bernard Heyberger/Vassa Kontouma (Hrsg.), Livres et confessions chrétiennes orientales. Une histoire connectée entre l'Empire ottoman, le monde slave et l'Occident (XVIe–XVIIe siècles), Turnhout 2023, 362–364.

exkommuniziert.[87] Infolgedessen gab es für mehr als 70 Jahre keine Kirchengemeinschaft zwischen dem Ökumenischen Patriarchat und der Orthodoxen Kirche Bulgariens. Erst am 22. Februar 1945 beendete das Ökumenische Patriarchat dieses Schisma, indem es der Bulgarischen Kirche die Autokephalie verlieh.

Freilich ist die 1872 ausgesprochene Verdammung der Abspaltung von einzelnen ethnisch, sprachlich, kulturell definierten Orthodoxen Kirchen, zumal wenn sie sich auf einem eigenen Staatsgebiet befinden, seit über einem Jahrtausend in der Orthodoxie nicht die Ausnahme, sondern die Regel. »Streit« und »Neid« sind zumeist in den Jahrzehnten danach bis zu einer Anerkennung durch die Mutterkirche die Folge. Doch der Grundsatz, dass die kirchliche Organisation der staatlichen folgt, ist alt, ja er gehört zum ältesten Bestand des orthodoxen Kirchenrechts überhaupt. So haben schon eine Reihe von Kanones des Ersten Ökumenischen Konzils von Nizäa (325) eine Ordnung der kirchlichen Verwaltungs- und Leitungsstrukturen in Anlehnung an die staatlichen Strukturen zum Inhalt. Insbesondere can. 6 legt unter Hinweis auf die staatlichen Reichsdiözesen die Grundlage für die sich im 6. Jahrhundert durchsetzende Einteilung in Patriarchate. Insofern ist aus Sicht des Kirchenhistorikers die Aufnahme gerade des Konzils von 1872 in die Liste der normativen Konzilien der Enzyklika von Kreta wenig überzeugend.[88] Auch kann mit Fug und Recht gefragt werden, ob dieses Konzil auch dann aufgenommen worden wäre, wenn die Bulgarische Orthodoxe Kirche am Heiligen und Großen Konzil von Kreta teilgenommen hätte.

V.

Gestatten Sie mir nach diesem historisch-theologischen Überblick über die zehn Konzilien, welche das Heilige und Große Konzil der Orthodoxen Kirche in seiner Enzyklika als Konzilien von »universaler Geltung« hervorgehoben hat, in zehn Thesen ein kurzes Fazit aus protestantischer Perspektive zu ziehen:

1. Wer mit der Orthodoxie das theologische Gespräch sucht, sollte sich künftig mit den zehn in der Enzyklika genannten Konzilien auseinandersetzen und ihre Bedeutung für die heutigen Orthodoxen Kirchen zu verstehen versuchen.

---

[87] COGD IV/1, 371–373 = Karmires, Τα δογματικά (s. Anm. 16), Bd. II, 1014–1016.
[88] Vgl. hierzu auch Synek, Das »Heilige und Große Konzil« (s. Anm. 3), 72.

2. Diese zehn Konzilien umfassen nicht nur den Zeitraum von einem ganzen Jahrtausend, sondern sie sind auch untereinander sehr unterschiedlich hinsichtlich ihrer Größe, ihrer Dauer, ihrer Thematik und ihrer theologischen Komplexität. Allein der Ort, an dem sie stattfanden, ist allen gemeinsam – Konstantinopel.
3. Von ihrer bisherigen Wirkungsgeschichte überragen sicherlich die beiden Konzilien von 879/80 und 1351 die anderen acht.
4. Theologisch am komplexesten und in gewisser Weise für die westliche Theologie am schwersten zugänglich ist zweifelsohne das Konzil von 1351 und die damit verknüpften historischen und theologischen Zusammenhänge.
5. Nur schwer verständlich ist aus protestantischer Perspektive, warum die antiprotestantischen Konzilien des 17. Jahrhunderts im 21. Jahrhundert als Konzilien von universaler Geltung normativen Charakter haben sollen, wenn zugleich der Auslöser dieser antiprotestantischen Entwicklung in der Orthodoxen Kirche, der auf dem Konzil von 1638 als Häretiker verurteilte und anathematisierte Patriarch Kyrillos Loukaris, inzwischen von zwei orthodoxen Patriarchaten kanonisiert worden ist.
6. Zumindest aus protestantischer Sicht scheint es so, als ob gerade diese Konzilien eher von einem starken Einfluss der römisch-katholischen auf die orthodoxe Theologie zeugen und Belege für die »Pseudomorphose« der Orthodoxie in diesem Zeitraum sind.
7. Besonders wenig überzeugend ist diesbezüglich das Konzil von 1638, das sowohl inhaltlich als auch formal sowie nicht zuletzt von seinem historischen Kontext her als ein fragwürdiges Konzil erscheint.
8. Das Konzil von 1872 weist auf ein nach wie vor hochaktuelles Problem der Orthodoxen Kirchen hin, welches einer panorthodoxen Klärung bedarf. Die Verurteilung des Phyletismus durch dieses Konzil hat offenbar das die Orthodoxe Kirche seit Jahrhunderten beschäftigende Problem der Entstehung neuer Landeskirchen nicht zu lösen oder einzudämmen vermocht.
9. Bei künftigen Ökumenischen Dialogen sollten auf jeden Fall die beiden theologischen »heißen Eisen« der Filioque-Problematik und der Energienlehre behandelt werden.
10. Darüber hinaus sollten wir aber auch versuchen, über die anderen Konzilien miteinander ins Gespräch zu kommen und sie theologisch zu würdigen.

Die Haltung des Heiligen und Großen Konzils in Kreta 2016 zur Ökumene

Andreas Müller, Kiel

Das Heilige und Große Konzil des Jahres 2016 hat zwar in der deutschen publizistischen Öffentlichkeit bei weitem nicht die Aufmerksamkeit erhalten, die es verdient hätte. Es wurde aber u.a. auf Tagungen und in Zeitschriften-Sonderbänden gewürdigt.[1] Selbst Monographien zu dem Ereignis sind geschrieben worden.[2] Ich kann daher nicht wirklich innovativ noch einmal auf die Synodaltexte zur Ökumene eingehen – vieles ist bereits gesagt worden. Ich möchte vielmehr versuchen, einige Gedanken zu bündeln, die Aussagen des Konzils in einen historischen Rahmen einzuordnen und eine gelegentlich durchaus kritische Perspektive einzunehmen. Dabei werde ich zunächst auf die Vorgeschichte der allen ökumenischen Aussagen zugrundeliegenden orthodoxen Ekklesiologie fokussieren. In einem zweiten Schritt werde ich deutlich machen, dass innerhalb der verschiedenen Synodaltexte durchaus divergierende Aussagen zur Ökumene zu finden sind, die die Diskussionen auf dem Konzil widerspiegeln dürften. In einem dritten Schritt werde ich einige bemerkenswerte Punkte aus dem Dokument »Beziehungen der orthodoxen Kirche zu der übrigen christlichen Welt« hervorheben, um in einem letzten Schritt dann nach der Rezeption des Textes in dem *Weg zum Sozialethos der Orthodoxen Kirche* zu fragen.

Grundsätzlich lässt sich schon hier festhalten, dass Patriarch Bartholomaios sich von dem Konzil wünschte, dass dieses eine »auf authentische Weise einheitliche Haltung der Orthodoxen Kirche« zur Ökumene formu-

---

[1] Vgl. u.a. das Sonderheft des Orthodoxen Forums 31 (2017) Heft 1 und 2. Ein Sonderheft zum Konzil bot u.a. auch die Ökumenische Rundschau 66 (2017) Heft 1.
[2] Vgl. u.a. Eva M. Synek, Das »Heilige und Große Konzil« von Kreta, Kirche und Recht 29, Freistadt 2017.

liert.³ Die Aussagen zur Ökumene sind also von einer zentralen Bedeutung für das Konzil und daher nicht nur im Kontext unseres ökumenischen Dialogs einer gesonderten Betrachtung wert. Spätestens seit dem Jahr 1920 hat sich das Ökumenische Patriarchat intensiv mit dem Thema Ökumene beschäftigt.⁴ Die Vorbereitung auf das Konzil umfasste dementsprechend auch immer einen Blick auf Ökumenische Fragestellungen und besonders auch auf die orthodoxe Ekklesiologie in diesem Kontext.

1. Die orthodoxe Ekklesiologie im Kontext vorkonziliarer panorthodoxer Zusammenkünfte

Stylianos Tsompanidis hat sich in einem bemerkenswerten Beitrag⁵ mit der Entwicklung einer zentralen Frage im Vorfeld des Konzils von 2016⁶ auseinandergesetzt: Der Frage nach der orthodoxen Ekklesiologie respektive der Anerkennung anderer Kirchen als solcher. Diese Frage, die be-

---

³ Alle Synodentexte werden zitiert aus Barbara Hallensleben (Hrsg.), Einheit in Synodalität. Die offiziellen Dokumente der Orthodoxen Synode auf Kreta vom 18. bis 26. Juni 2016, Münster 2016, hier 19. In dem Band ist die Patriarchale und Synodale Enzyklika zur Einberufung der Synode abgedruckt auf den S. 1–4, die Richtlinien zur Organisations- und Arbeitsweise (= Richtlinien) auf den S. 5–12, die Ansprache des Patriarchen bei der Eröffnungssitzung (= Ansprache) S. 13–29, die Botschaft der Synode auf den S. 30–36 (= Botschaft), die Enzyklika (= Enzyklika) auf den S. 37–55 und die eigentlichen sechs Synodaltexte auf den S. 56–101. Davon wird im vorliegenden Beitrag zitiert aus Das Sakrament der Ehe und seine Hindernisse (= Sakrament) S. 62–66; Die orthodoxe Diaspora (= Diaspora) S. 70–77; Beziehungen der orthodoxen Kirche zu der übrigen christlichen Welt (= Beziehungen) S. 78–86; Die Sendung der Orthodoxen Kirche in der heutigen Welt (= Sendung) S. 87–101. Ich werde grundsätzlich Kurztitel anführen.

⁴ Vgl. die Patriarchal- und Synodalenzyklika des Ökumenischen Patriarchats, Phanar 1920, in: Athanasios Basdekis, Orthodoxe Kirche und Ökumenische Bewegung. Dokumente – Erklärungen – Berichte 1900–2006, 15–20. Vgl. dazu u.a. Georgios Tsetsis, Η Συμβολή του Οικουμενικού Πατριαρχείου στην ίδρυση του παγκοσμίου Συμβουλίου Εκκλησιών, Katerini 1988 und im Überblick Stylianos Ch. Tsompanidis, »Für die Einheit aller«. Motive, Wesen und Bewertung der orthodoxen Beteiligung an der Ökumenischen Bewegung, in: Orthodoxes Forum 35 (2021), 179–192, bes. 180f.; ferner Andreas Müller, Die Enzyklika des Ökumenischen Patriarchats von 1920 aus lutherischer Perspektive, in: Orthodoxes Forum 34 (2020), 37–47.

⁵ Stylianos Ch. Tsompanidis, Orthodoxe Kirche und Ökumenische Bewegung nach der Heiligen und Großen Synode, in: Orthodoxes Forum 31 (2017), 81–88.

⁶ Zur Vorgeschichte der Synode im Überblick vgl. auch Dagmar Heller, Das (Heilige

kanntlich spätestens seit *Dominus Jesus* im römisch-katholischen Umfeld zur Ökumene intensiv diskutiert worden ist, ist auch für das Verhältnis der Orthodoxie zu ihren ökumenischen Gesprächspartnern von entscheidender Bedeutung. Treffen im Dialog gleichwertige Partner auf Augenhöhe zusammen bzw. verbinden Kirchen diesen letztlich doch mit dem Ziel der Rückkehr-Ökumene? Tsompanidis hat in diesem Zusammenhang die Aussagen der präkonziliaren panorthodoxen Treffen ausgewertet und festgestellt, dass der Konzilstext von 2016 deutlich hinter den Aussagen insbesondere des dritten präkonziliaren panorthodoxen Treffens zurückbleibt.

Während die erste präkonziliare panorthodoxe Konferenz 1976 noch feststellte, dass die Verantwortung für die Spaltung der Christenheit auf allen Seiten der Christenheit zu suchen sei und daher auch die Orthodoxie in der Ökumene nicht nur geben, sondern auch empfangen solle,[7] hat sich in den Folgekonferenzen mehr und mehr die Position durchgesetzt, dass die Orthodoxe Kirche letztlich die eine, wahre Kirche der sieben Konzilien darstelle, von der alle anderen abgefallen seien.

Auch wenn dies bereits in der dritten vorkonziliaren panorthodoxen Konferenz 1986 deutlich formuliert worden ist, hat diese den anderen Kirchen gleichwohl den Status als Kirche zuerkannt. So heißt es wörtlich in deren Abschlusserklärung:

»Die Orthodoxe Kirche, welche die Eine, Heilige, Katholische und Apostolische Kirche ist, ist sich ihrer Verantwortung für die Einheit der christlichen Welt voll bewusst. Sie erkennt die faktische Existenz aller Kirchen und Konfessionen an und glaubt, dass all die Beziehungen, die sie mit ihnen unterhält, auf einer möglichst raschen und objektiven Klärung der ganzen ekklesiologischen Frage beruhen müssen [...].«[8]

Auch wenn die Orthodoxe Kirche selbst als »Träger und Zeuge des Glaubens und der Tradition der Einen, Heiligen, Katholischen und Apostolischen Kirche«[9] in diesem Dokument bezeichnet wird, bedeutet dies doch

---

und Große) Konzil der Orthodoxen Kirchen auf Kreta in Ökumenischer Perspektive, in: Ökumenische Rundschau 66 (2017), 59–72, hier 60–65. Sie hält zu Recht a. a. O., 65 fest: »Nur auf diesem Hintergrund kann die ökumenische Relevanz der in Kreta verabschiedeten Texte erfasst werden.«

[7] Tsompanidis, Kirche (s. Anm. 5), 86.
[8] Basdekis, Orthodoxe Kirche (s. Anm. 4), 379–387, hier 379. Heller, Konzil (s. Anm. 6), 67 merkt zu Recht an, dass sehr unklar ist, was unter »Klärung« gemeint ist.

keinen Exklusivitätsanspruch – auch anderen christlichen Kirchen und Gemeinschaften ist damit ein ekklesialer Charakter nicht grundsätzlich abgesprochen.[10] Eine Konversion zur Orthodoxie bzw. eine Abnabelung vom eigenen kulturellen Erbe wurde dementsprechend explizit von keiner Kirche verlangt.[11]

Die fünfte präkonziliare panorthodoxe Konferenz 2015 hatte sich unmittelbar vor dem Konzil dem Druck des orthodoxen Fundamentalismus gebeugt und dementsprechend auch eine exklusivere orthodoxe Ekklesiologie befürwortet. Nun war nicht mehr von der »faktischen« Existenz anderer christlicher Kirchen die Rede, sondern von der »historischen«.[12] Dementsprechend heißt es nun im Abschlussdokument:

> »Die Orthodoxe Kirche akzeptiert [statt: anerkennt] die historische Benennung [statt: Existenz] anderer nicht-orthodoxer christlicher Kirchen und Konfessionen, die nicht mit ihr in Gemeinschaft stehen.«[13]

Damit wurde die faktische Anerkennung eines ekklesialen Charakters anderer Kirchen zu deren Selbstanspruch reduziert. Die orthodoxe Ekklesiologie erhielt damit deutlich exklusivistischere Züge.

Letztlich kommt Tsompanidis in seinen Ausführungen zu dem Schluss, dass auch das Konzil von 2016 »keine überzeugendere und definitivere Antwort auf die Frage« gegeben habe, »wie sie (scil. die Orthodoxe Kirche) den ekklesialen Status der Christen betrachtet, mit denen sie seit vielen Jahrzehnten diskutiert und zusammenarbeitet.«[14] Seine Beobachtung, dass die Formulierung im ersten Kapitel der Konzils-Enzyklika der Überwindung eines exklusivistischen, konfessionalistischen Selbstverständnisses der Kirche dienen könne, halte ich für fragwürdig. Wörtlich heißt es dort:

> »Die Orthodoxe Kirche, die dieser einmütigen apostolischen Tradition und sakramentalen Erfahrung treu bleibt, stellt die authentische Fortführung der einen, heiligen, katholischen und apostolischen Kirche dar, wie sie im Glaubensbekenntnis bezeugt ist und in der Lehre der Väter bestätigt wird.«[15]

---

[9] Basdekis, Orthodoxe Kirche (s. Anm. 4), 387–392, hier 387.
[10] Tsompanidis, Kirche (s. Anm. 5), 83.
[11] Vgl. Basdekis, Orthodoxe Kirche (s. Anm. 4), 177–190, hier 186f.
[12] Vgl. Tsompanidis, Kirche (s. Anm. 5), 85.
[13] Zitiert bei a. a. O., 85.
[14] A. a. O., 82.
[15] Hallensleben, Enzyklika (s. Anm. 3), 39; vgl. auch Botschaft, 31, §1.

Damit sind die anderen Kirchen eindeutig nicht zu Häretikern und Schismatikern erklärt worden, was exklusivistisch denkende orthodoxe Theologen bemängelt haben. Ein gleichwertiger ekklesialer Status ist ihnen dennoch nicht zugesprochen worden und die authentische Fortsetzung der Kirche der sieben Konzilien wird in der Orthodoxie gesehen. Eva Synek sieht hier – wohl zu Recht – die Verfolgung eines ähnlichen Anliegens wie das des Zweiten Vatikanums mit der »subsistit-Formel«.[16] Mit diesem Text sind wir nun mitten in die Diskussion über die Aussagen zur Ökumene in den Konzilsdokumenten gelangt.

2. Divergenzen in den Aussagen zur Ökumene in den Konzilsdokumenten

Eine Beobachtung ist für mich in den Konzilsdokumenten von besonderer Bedeutung: Der Umgang mit den nicht-orthodoxen Christen ist in den drei Texten der Synode, die das Thema streifen, unterschiedlich behandelt. M. E. lässt sich dies auf die verschiedenen Zielgruppen bzw. den unterschiedlichen Sitz im Leben der Texte ebenso wie auf die Reihenfolge des Entstehens der Texte und den jeweiligen historischen Rahmenbedingungen zurückführen.[17] Grundsätzlich war die Behandlung der Ökumene auf dem Konzil kein einfacher Prozess – Eva Synek hat die Diskussion um das »Ökumenedokument« als einen »Weg zwischen Skylla und Charybdis« bezeichnet.[18]

In der *Botschaft* des Konzils, die zur Verlesung in den orthodoxen Gemeinden verfasst worden ist, wird der Einsatz der Orthodoxie in der Ökumene vor allem unter das Vorzeichen des Zeugnisses für die Wahrheit und für den apostolischen Glauben gestellt.[19] Ökumene dient somit nicht der Konsensfindung oder gar der Erarbeitung von Kompromissen. Vielmehr hält die *Botschaft* der Synode zum Ökumenischen Dialog klar fest:

---

[16] Synek, Konzil (s. Anm. 2), 76. Sie macht hier auch deutlich, dass die Formulierung ökumenekritischen Theologen wie Dimitrios Tselengidis noch zu wenig exklusivistisch war. Als weitere Stimme in diese Richtung führt Synek Archimandrit Athanasios von Meteora an (a. a. O., 77).

[17] Die Ausführungen dieses Abschnitts basieren auf meinem Aufsatz Die Heilige und Große Synode aus Evangelischer Sicht, in: Orthodoxes Forum 31 (2017), 141–152.

[18] Synek, Konzil (s. Anm. 2), 75.

[19] Vgl. Botschaft nach Hallensleben (s. Anm. 3), 32.

»Auf diese Weise lernt die übrige christliche Welt die echte orthodoxe Tradition besser kennen, den Wert der Lehre der Kirchenväter sowie das liturgische Leben und den Glauben der orthodoxen Christen. Die von der orthodoxen Kirche geführten Dialoge schließen keinesfalls einen Kompromiss in Glaubensfragen ein.«[20]

Zwar geht die *Botschaft* eindeutig davon aus, dass es auch nicht-orthodoxe Christen bzw. eine »übrige christliche Welt« gibt. Mögliche Wege zur Einheit oder auch nur Einheitskonzepte werden hier aber nicht thematisiert. Das implizierte Ziel ökumenischer Arbeit ist nach der *Botschaft* anscheinend, die übrige christliche Welt – vermeintlich wieder – zur orthodoxen Tradition zurückzuführen. Besonders mit der Betonung, dass durch Ökumenische Dialoge keine Kompromisse eingegangen werden, sollte wohl von Fundamentalisten geschürten Ängsten begegnet werden. Auf deren Aktivitäten auch im Kontext des Konzils ist Georgios Vlantis in einem bemerkenswerten Aufsatz bereits eingegangen.[21]

Die *Enzyklika* der Synode ist von der Tendenz her vergleichbar, aber ekklesiologisch zugespitzt. In ihr wird noch präzisierend erläutert, dass sich die nicht-orthodoxen Kirchen von der Gemeinschaft mit der orthodoxen Kirche, die die lebendige Gegenwart Christi in der Welt darstellt, getrennt haben und z. T. auch ihre Stimme nicht verstehen.[22] Der Dialog steht dementsprechend unter dem Vorzeichen von Zeugnis und Opfer: »Durch diesen Dialog ist die übrige christliche Welt nun vertrauter mit der Orthodoxie und der wahren Tradition.«[23] Weder die dogmatische Tradition noch das orthodoxe Ethos seien durch diesen kompromisslosen Dialog in Frage gestellt worden. Durch die Betonung in der *Enzyklika*, dass – zumindest explizit – nur in der orthodoxen Kirche die Gegenwart Christi lebendig sei, steht sie einem exklusivistischen Kirchenverständnis nahe. Möglicherweise stellte sich das Konzil damit bewusst in die Nähe zu einer Ekklesiologie, die der bulgarische Kritiker des Ökumenismus-Dokuments des Konzils Metropolit Gavriil von Love deutlich formuliert hat: »Neben der heiligen Orthodoxen Kirche gibt es keine anderen Kirchen, nur Häresien und Schismen.«[24] Eine explizite Gleichsetzung von Heterodoxen mit

---

[20] Ebd.
[21] Georgios Vlantis, Die Angst vor dem Geist. Das Heilige und Große Konzil und die orthodoxen Antiökumeniker, in: Ökumenische Rundschau 66 (2017), 32–41.
[22] Vgl. Enzyklika nach Hallensleben (s. Anm. 3), 54.
[23] Ebd.
[24] Schreiben des Gavriil an den bulgarischen Patriarchen vom 23.3.2016, zitiert bei

Schismatikern oder gar Häretikern ist allerdings in den Konzilstexten nicht zu beobachten. Dennoch finden sich in der *Enzyklika* der Synode noch deutlicher als in der Botschaft eine exklusivistisch wirkende Ekklesiologie – die Vorstellung von der genuinen kirchlichen Tradition und das Konzept einer Rückkehrökumene.

Das Dokument »*Beziehungen der orthodoxen Kirche zu der übrigen christlichen Welt*« erscheint hingegen in vielem ausgewogener als die *Enzyklika* und die *Botschaft*. Die Konzilsvorlage reagierte noch nicht so stark auf die Tatsache, dass Lokalkirchen gerade wegen der Frage nach der Ökumene vom Konzil ferngeblieben sind. Das Dokument ist daraufhin nur an wenigen Stellen nachweislich überarbeitet worden.[25] In ihm schreibt sich die Orthodoxie eine »führende Stellung in der Frage der Förderung der christlichen Einheit in der heutigen Welt« zu.[26] Auch nach diesem Dokument ist es Aufgabe der Orthodoxen Kirche, alle Wahrheit weiterzugeben und zu predigen.[27] Eine rein missionarische Aufgabe im Ökumenischen Dialog wird dabei nicht festgelegt.[28] Vielmehr heißt es zur Orthodoxen Kirche viel offener: »Insbesondere hat sie eine führende Rolle in der heutigen Suche nach Mitteln und Wegen zur Wiederherstellung der Einheit derer gesucht, die an Christus glauben.«[29] Damit ist nicht wie in der *Enzyklika* gesagt, dass allein die Orthodoxe Kirche die authentische Fortführung der einen heiligen, katholischen und apostolischen Kirche sei. Ferner ist längst nicht so deutlich formuliert, dass die Wiederherstellung der Einheit nur durch Rückkehr zur Orthodoxie möglich ist. Vielmehr wird die Wahrheit des Glaubens und der Tradition der alten Kirche der sieben Ökumenischen Synoden als gemeinsame Basis bei der Restitution der Einheit benannt.[30] Wie wir bereits gesehen haben, wird die Kirchlichkeit der nicht-orthodoxen Gemeinschaften aber stark abgeschwächt, wenn

---

Martin Illert, Die Bulgarische Orthodoxe Kirche und die »Heilige und Große Synode«, RGOW 44/11 (2016), 14–16 (aktualisiert wiederabgedruckt in ÖR 66 [2017], 42–47), 14.

[25] Vgl. dazu Synek, Konzil (s. Anm. 2), 75.
[26] Beziehungen nach Hallensleben (s. Anm. 3), 78.
[27] Ebd.
[28] Dies gilt trotz der Formulierung, dass die Orthodoxe Kirche »durch den Dialog die Fülle der Wahrheit in Christus und ihre geistlichen Schätze für die ihr gegenüber Außenstehenden dynamisch bezeugt, mit dem objektiven Ziel, den Weg zu ebnen, der zur Einheit führt.« (a. a. O., 79).
[29] A. a. O., 78.
[30] Vgl. a. a. O., 79.

das Dokument – insbesondere auf den Druck der griechischen Kirche hin[31] – festhält:

»Die Orthodoxe Kirche akzeptiert jedoch die historische Benennung anderer nicht-orthodoxer christlicher Kirchen und Konfessionen, die nicht mit ihr in Gemeinschaft stehen.«[32]

Das bedeutet jedenfalls nicht, dass »sie die Idee der ›Gleichwertigkeit der Konfessionen‹ akzeptiert« oder einen »interkonfessionellen Kompromiss« u. a. im Rahmen des ÖRK fördert.[33] Ekklesiologisch gesehen ist die Zuerkennung lediglich der »historischen Benennung« von anderen Kirchen als Kirchen problematisch. Eben deswegen können andere Kirchen nicht wirklich als solche benannt werden, sondern allenfalls – wie von der Kirche Griechenlands gefordert – als Gemeinschaften. Im Rahmen der Synodenverhandlungen scheint aber angesichts der antiökumenischen Strömungen in der Orthodoxie keine weitergehende Formulierung möglich gewesen zu sein, wie sie in den präkonziliaren Dokumenten ja durchaus zu beobachten war.[34]

3. Bemerkenswerte Schwerpunkte in dem Dokument »Beziehungen der orthodoxen Kirche zu der übrigen christlichen Welt«

Grundsätzlich betont das Dokument, das auch mit Blick auf orthodoxe Gegner der Ökumenischen Bewegung diese nicht im Titel enthält, die »führende Stellung« der orthodoxen Kirche »in der Frage der Förderung der christlichen Einheit in der heutigen Welt«.[35] Damit sieht sie sich in

---

[31] Vgl. Synek, Konzil (s. Anm. 2), 76. Sie zitiert als Beleg für eine solche Haltung auch Kallistos Ware, a. a. O., 78: »The Church of Greece proposed that we should not call non-Orthodox bodies churches, (but) that we should call them communities.«
[32] Beziehungen nach Hallensleben (s. Anm. 3), 79. Vgl. dazu auch Heller, Konzil (s. Anm. 6), 68: »Dabei wird nun offen gelassen, ob diese anderen Gemeinschaften als Kirchen anerkannt werden können oder nicht, sondern es wird lediglich anerkannt, dass sie sich selbst als Kirchen bezeichnen.«
[33] Vgl. Beziehungen nach Hallensleben (s. Anm. 3), 83.
[34] Vgl. hierzu den Beitrag von Tsompanidis, Kirche (s. Anm. 5).
[35] Vgl. a. Synek, Konzil (s. Anm. 2), 78: »Jedenfalls blieb es bei einer deutlichen Bejahung sowohl der Mitarbeit im Weltkirchenrat und der Fortführung der begonnenen bilateralen Dialoge.«

der Nachfolge der altkirchlichen Synoden, deren Inhalte sie auch als Grundlage der Wahrheit des Glaubens betrachtet.[36]

Wie jene Synoden betont das Dokument aber auch die notwendige Einheit im »wahren Glauben« als Voraussetzung für eine »sakramentale Gemeinschaft«.[37] Mit diesem orthodoxen *ceterum censeo* erteilt das Konzil den Ansätzen einer versöhnten Verschiedenheit, wie sie etwa in der Leuenberger Konkordie ihren Ausdruck verliehen bekommen hat, eine deutliche Absage.

Als notwendige Voraussetzung für eine weitere Annäherung der Orthodoxie und der übrigen christlichen »Gemeinschaften« fordert das Konzil eine möglichst zügige Klärung »der gesamten ekklesiologischen Frage«. Dabei geht es insbesondere um die »Lehren über Sakramente, Gnade, Priestertum und apostolische Sukzession«.[38] Wenn davon die Rede ist, dass die Orthodoxie diesbezüglich ein dynamisches Zeugnis ablegt, ist dies wohl auch so zu verstehen, dass die übrigen Gemeinschaften von der orthodoxen Wahrheit in diesen Bereichen überzeugt werden sollen – in diesem Sinne sind wohl »gegenseitiges Verständnis und Zusammenarbeit von grundlegender Bedeutung«.[39] Da die Orthodoxie um die Schwierigkeiten auf dem Weg zu einer Annäherung weiß, baut sie in diesem Kontext letztlich auf die Führung durch den Heiligen Geist.[40]

Bemerkenswert sind in dem Dokument auch einzelne Regularien insbesondere ab Abschnitt 9. So hängt z. B. die Gültigkeit eines Dialogs nicht von der Teilnahme aller Lokalkirchen ab. Allerdings muss ein jeder bilateraler oder multilateraler Dialog der Auswertung auf panorthodoxer Ebene unterzogen werden.[41] Was dies genauer u. a. auch für den bilateralen Dialog EKD – Ökumenisches Patriarchat bedeutet, wird in dem Dokument nicht ausgeführt. Werden hier getroffene Übereinkünfte z. B. durch deren Ablehnung etwa durch die georgische oder die bulgarische Kirche ungültig? Wie wirkt sich das Schisma zwischen orthodoxen Kirchen auf die Rezeption von Ergebnissen ökumenischer Dialoge aus?

Bemerkenswert sind die Feststellungen des Dokuments, dass Probleme im Dialog nicht immer ein hinreichender Grund für den Rückzug von Lokalkirchen seien und dass die mangelnde Überwindung von Differenzen

---

[36] Vgl. Beziehungen nach Hallensleben (s. Anm. 3), 78 f.
[37] Vgl. a. a. O., 78.
[38] A. a. O., 79.
[39] A. a. O., 80.
[40] Vgl. ebd.
[41] Vgl. Beziehungen nach Hallensleben (s. Anm. 3), 81.

keineswegs das Ende eines Dialogs bedeuten muss.[42] Hier klingen zahlreiche Auseinandersetzungen um die Beteiligung der Orthodoxie in der Ökumenischen Bewegung nach. In jedem Fall muss auch nach bilateralen Dialogen gegebenenfalls panorthodox die Wiederherstellung der *communio* mit einer nicht-orthodoxen Kirche erklärt werden.[43]

Das Dokument redet von einer Rangordnung der Herausforderungen im Dialog, die aber nicht im Sinne einer *hierarchia veritatum* zu verstehen ist – das Ziel in allen Dialogen ist trotz einer Differenzierung in der Methodik die sakramentale Gemeinschaft.[44] Bemerkenswert ist die deutliche Betonung der Rolle des Ökumenischen Patriarchen beim Abschluss eines Dialogs: Er stellt denselben fest, wenn auch im Einverständnis mit den Hierarchen der Lokalkirchen.[45] Damit findet die Entscheidungskompetenz innerhalb der orthodoxen Kirchen faktisch eine hierarchische Zuspitzung, die m. E. nicht im vollen Umfang der synodalen Tradition zumindest der spätantiken Konzilien entspricht und den Ökumenischen Patriarchen an der Stelle des approbierenden Kaisers der Vergangenheit sieht.

Ausführlich und bemerkenswert positiv kommentiert das Dokument auch die Rolle des Ökumenischen Rates der Kirchen, innerhalb dessen seit 1998 eine Sonderkommission zur orthodoxen Mitwirkung existiert.[46] Die Mitwirkung der Orthodoxen bedeutet aufgrund der ekklesiologischen Voraussetzungen auch im vorliegenden Dokument nicht die Anerkennung der »Gleichwertigkeit der Konfessionen«[47] und erst recht nicht – wie in der Toronto-Formel von 1950 bestätigt – die Interpretation des ÖRK als einer Art »Über-Kirche«.[48] Eine besondere Bedeutung wird im ÖRK der Kommission für Glaube und Kirchenverfassung zugeschrieben. Deren Arbeit findet so lange Zustimmung, als die in diesem Fall explizit als solche benannten »nicht-orthodoxen Kirchen und Konfessionen« nicht vom wahren Glauben der Orthodoxen Kirche abweichen.[49] Diese Feststellung fehlte noch im Dokument des dritten vorkonziliaren panorthodoxen Treffens von 1986 und diente wohl auch der Befriedung der Antiökumeniker.[50] Auch

---

[42] Vgl. a. a. O., 80 f.
[43] Vgl. a. a. O., 82.
[44] Vgl. ebd.
[45] Vgl. ebd.
[46] Vgl. Beziehungen nach Hallensleben (s. Anm. 3), 82 f.
[47] Vgl. a. a. O., 83.
[48] Vgl. a. a. O., 83 f.
[49] Vgl. a. a. O., 84 f.
[50] Vgl. Heller, Konzil (s. Anm. 6), 69.

an dieser Stelle sollen diese dahingehend beruhigt werden, dass die Wahrheit der Orthodoxen Kirche durch den Dialog nicht gefährdet sei.

Das Konzil setzte sich auch in seinem Dokument mit fundamentalistischen Strömungen auseinander, die die Einheit der Kirche zu brechen versuchen.[51] Jenseits der Synodalität lässt sich wahre Orthodoxie nicht konstatieren.[52] Noch deutlicher lehnen – wohl auch ausgelöst durch das Verhalten der auf dem Konzil absenten Kirchen – die *Enzyklika* und die *Botschaft* alle Formen des Fundamentalismus ab. Fundamentalismus wird als Ausdruck einer »krankhaften Religiosität« verstanden.[53] Dies gilt auch für Strömungen innerhalb der Orthodoxen Kirchen, die sich als »wahrhaft orthodox« gerieren und das ökumenische Zugehen auf andere Konfessionen radikal verurteilen. Bereits durch die Betonung der Synodalität der Kirche bzw. der Synode als einziger Autorität in derselben setzte die Einberufungsenzyklika vom 20. März 2016 der eigenmächtigen Erklärung von Rechtgläubigkeit eine klare Grenze.[54] Darin sehe ich einen mutigen und sehr begrüßenswerten Schritt der Synode.

4. Die Rezeption der Aussagen der Konzils zur Ökumene im »Weg der orthodoxen Kirche zu einem Sozialethos«

Den Willen zum Ökumenischen Dialog nimmt nicht nur u. a. die Synode des Patriarchats von Alexandria,[55] sondern vor allem auch der von der amerikanischen Orthodoxie geprägte Text *Auf dem Weg zu einem Sozialethos der Orthodoxen Kirche* des Jahres 2020 auf, den ich im Folgenden nicht ganz korrekt immer nur kurz als *Sozialethos* bezeichnen werde.[56] Auch an diesem Punkt versteht er sich als eine Fortschreibung der Beschlüsse des Heiligen und Großen Konzils von 2016. Dabei enthält der vor allem für die pastorale Praxis formulierte Text Ermutigungen sowohl zum interkonfessionellen als auch zum interreligiösen Dialog, insbeson-

---

[51] Vgl. Beziehungen nach Hallensleben (s. Anm. 3), 85.
[52] Vgl. ebd.
[53] Botschaft nach Hallensleben (s. Anm. 3), 32; vgl. ferner Enzyklika nach Hallensleben, 52.
[54] Vgl. Einheit in Synodalität nach Hallensleben (s. Anm. 3), 1 f.; vgl. auch Ansprache nach Hallensleben, 24 f.
[55] Vgl. Synek, Konzil (s. Anm. 2), 79.
[56] Barbara Hallensleben (Hrsg.), Für das Leben der Welt. Auf dem Weg zu einem Sozialethos der Orthodoxen Kirche, Münster 2020, 81–91.

dere mit dem Judentum und dem Islam. Er schreibt der Orthodoxen Kirche in Anlehnung an das Dokument »Beziehungen der orthodoxen Kirche zur übrigen Welt« – sogar – auch historisch – eine »führende Rolle in der Bewegung zur christlichen Einheit« zu.[57] Ekklesiologisch orientiert sich der Text zunächst an der eher exklusivistischen Ekklesiologie von Georgij Florovskij, nach dem die Orthodoxe Kirche »wesentlich identisch ist mit der Kirche aller Zeiten«, nicht nur »*eine* Kirche, sondern *die* Kirche«.[58]

Wenn der Text dementsprechend von *der Kirche* spricht, meint er damit ausschließlich die orthodoxe. Dennoch kann er – wohl in Anlehnung an die Konzilsaussagen –, auch andere als Gemeinschaften[59] gekennzeichnete Gruppierungen von Christen durchaus mit dem historisch zuzuweisenden Attribut »Kirche« bezeichnen.[60]

Den Dialog pflegt die Orthodoxe Kirche auch hier vor allem, um die anderen Christen aus Liebe mit dem Reichtum ihrer Tradition bekannt zu machen bzw. die »Schönheit der Orthodoxie zu vermitteln.«[61] Andererseits formuliert das *Sozialethos* offener, dass im Dialog auch die Orthodoxie von den Erfahrungen von Christen in der ganzen Welt lernen könne, »um die vielen kulturellen Ausdrucksformen des Christentums zu verstehen und um die Einheit unter allen zu suchen, die den Namen Jesu anrufen«.[62] Wie dies gemeint ist, wird nicht weiter ausgeführt. Wahrscheinlich soll – nach einer skeptischen Lesart – aber durch den Dialog vor allem bessere Kenntnis fremder Denkformen erreicht werden, um so besser von dem wahren Glauben der Orthodoxen Kirche überzeugen zu können.

Das *Sozialethos* ist – anders als die Konzilsdokumente – von einer deutlich realistischeren Einschätzung der ökumenischen Fortschritte geprägt – eine sichtbare sakramentale Einheit wird hier als eine »ferne Hoffnung« bezeichnet.[63] Insbesondere die Hoffnung auf das kontingente Wirken des Hl. Geistes ermutigt aber zur ökumenischen Weiterarbeit. Immerhin ermöglicht die gültige Taufe der Teilnehmenden die gemeinsame

---

[57] A. a. O., 83.
[58] A. a. O., 81.
[59] Den Begriff »Gemeinschaften« verwendet der Text in der Regel, so Hallensleben, a. a. O., 83.
[60] So ist etwa von den alten Kirchen von Ägypten und Äthiopien, von Armenien, von der Kirche von Canterbury und der Kirche von Rom die Rede, vgl. a. a. O., 83.
[61] Vgl. a. a. O., 81f.
[62] A. a. O., 82.
[63] Vgl. ebd.

Sammlung im Gebet und die damit verbundene Buße für Missverständnisse und Vergehen gegen die christlichen Geschwister.[64]

Besonders beachtenswert ist die Verbindung des Dia-logos mit dem göttlichen Logos, der diesen führt. In Anlehnung an die Lehre vom Logos spermatikos Justins wird anderen religiösen Kulturen ein Anteil am Logos zugesprochen, den allein die Orthodoxie in Fülle hat.[65] Gedanken wie diese erinnern an die Vorstellung der *hierarchia veritatum* und selbst vom »anonymen Christentum« des 2. Vatikanums, wenn auch in exklusivistisch zugespitzter Form. Nur die orthodoxe Kirche existiert demnach »als die konkrete Wirklichkeit des mystischen Leibes Christi in der Zeit« und legt deswegen auch Zeugnis ab für die Orthodoxie.[66]

Insgesamt spürt man dem *Sozialethos* ein ähnliches Ringen um die Ökumene und auch den Status anderer Kirchen ab wie den Dokumenten des Konzils. Es geht durchaus von unüberbrückbaren Unterschieden zwischen »der Kirche« und »anderen religiösen Traditionen« aus, worunter in erster Linie andere Religionen gemeint zu sein scheinen. Nicht nur im Blick auf diese, sondern auch im Blick auf die anderen Konfessionen gilt die Feststellung über die orthodoxe Kirche:

> »Weder sucht sie Kompromisse bezüglich ihrer eigenen wesentlichen Überzeugungen einzugehen, noch will sie herablassend die Ansichten anderer Glaubensrichtungen als belanglos behandeln. Gleichzeitig weiß die Kirche, dass Gott sich auf zahllose Weisen und mit grenzenlosem Erfindungsreichtum offenbart, und tritt daher in einen Dialog mit anderen Glaubensrichtungen ein, die bereit sind, sich durch die Vielfalt und Schönheit von Gottes großzügigen Bekundungen göttlicher Güte, Gnade und Weisheit unter allen Völkern überraschen und erfreuen zu lassen.«[67]

Versöhnte Verschiedenheit oder gar eine sakramentale Einheit ohne Rückkehrökumene denkt somit auch das *Sozialethos* der Orthodoxen Kirche nicht. Insbesondere die Frage nach dem ekklesialen Status nicht orthodoxer Kirchen bleibt ein offener Punkt der Diskussion. Gleichwohl zeugt das Dokument ähnlich wie die Konzilstexte von einer Bereitschaft zum Dialog und darüber hinaus auch noch von einer stärkeren Wertschätzung anderer Konfessionen.

---

[64] Vgl. Hallensleben, Sozialethos (s. Anm. 56), 83.
[65] Vgl. a. a. O., 84 f.
[66] A. a. O., 85.
[67] A. a. O., 86.

5. Fazit

Insgesamt ist allen vorgestellten Dokumenten hoch anzurechnen, dass sie in für die Ökumenische Bewegung schwierigen Zeiten die Suche nach Einheit nicht aufgeben, sondern sogar unterstützen. Gleichwohl führt ein Blick auf die Texte des Konzils und auch das Sozialethos zu Fragen, die wir vielleicht im bilateralen Dialog weiter verfolgen können:

Eine grundsätzliche Frage ist, wie die ökumenische Bewegung und auch wir in unserem Dialog mit der ekklesialen Selbstgenügsamkeit der Orthodoxie letztlich umgehen können. Das Modell der versöhnten Verschiedenheit ist ein spezifisch evangelisches, das orthodoxen Ökumenekonzepten nicht einfach alternativ entgegengesetzt werden kann. Aber wie ist eine sakramentale Einheit ohne eine vermeintliche Rückkehr möglich? Die ekklesiologische Einschätzung anderer Kirchen in allen untersuchten Dokumenten erscheint aus evangelischer Sicht jedenfalls problematisch.

Eine daraus resultierende zweite Frage ist, welche Ziele Dialoge realistisch für sich in Anspruch nehmen können. Kann es wirklich noch um eine sakramentale Einheit gehen, oder ist eine solche angesichts des Beharrens aller Dialogseiten auf ihrer jeweiligen Ekklesiologie nicht unrealistisch?

Für die Zukunft der orthodoxen Positionen zur Ökumene ist die Frage von Bedeutung, welche Richtung sich stärker in der Gesamtorthodoxie durchzusetzen vermag. Welche Kompromisse orthodoxer Ökumeniker mit antiökumenischen Hardlinern sind notwendig, um die Einheit der Orthodoxen Kirche nicht zu gefährden? Und wie geht die Orthodoxe Kirche aktuell mit der Tatsache um, dass sie sich faktisch in einem Schisma befindet und daher panorthodoxe Entscheidungen zu ökumenischen Fragen gar nicht fällen kann?

Grundsätzlich stellt sich die Frage, wie es die Orthodoxie auf Dauer schafft, die eher ökumenefreundliche Haltung in der Diaspora mit der Suche nach einer vermeintlich wahrhaft orthodoxen Identität in ihren Kernländern in Einklang zu bringen.

Für den ökumenischen Dialog muss auf evangelischer wie orthodoxer Seite aktuell stärker geworben werden denn je. Diese Aufgabe stellt sich nicht nur der Orthodoxen Kirche, sondern auch der Evangelischen Kirche in Deutschland. Ich würde mich freuen, wenn die Auseinandersetzung mit den Konzilsdokumenten dazu führen würde, nach möglichen Schritten auf diesem Weg weiter konstruktiv zu suchen.

»... um die Einheit aller lasst uns den Herrn bitten.«

Reflexionen zu den innerchristlichen Beziehungen nach Kreta (2016)

Marina Kiroudi, Bonn

Einleitung

Etwa ein Jahrhundert hat die Vorbereitung des Heiligen und Großen Konzils gedauert, das schließlich 2016 in Kreta stattfand. Gerade sechs Jahre später – nach einer verhältnismäßig kurzen Zeit der Reflexion – ist es Gegenstand der 18. Begegnung zwischen Theologinnen und Theologen der EKD und des Ökumenischen Patriarchats 2022 in Berlin. Das Thema der innerchristlichen Beziehungen steht dabei verständlicherweise ganz oben auf der Agenda.

Nimmt man als stiller Beobachter die Bilder der Pressemeldungen zum Konzil von Kreta wahr, so entdeckt man vor allem das einmalige Zusammentreffen von kirchlichen Vorstehern und Bischöfen der Weltorthodoxie in einer erstaunlich hohen Zahl. Auf manchen Bildern sticht allerdings auch ein magenta-farbenes Gewand und ein rotes Pileolus eines römisch-katholischen Kardinals hervor. Vertreter der orientalisch-orthodoxen Kirchen fallen durch ihre mit Kreuzen bestickte oder durch die armenische spitze, an den Berg Ararat erinnernde, Kopfbedeckung auf. Für den unbedarften Beobachter und die Presse, die auf ausgeprägte visuelle Reize fokussiert ist, fallen die evangelischen Vertreter weniger auf, aber sie sind präsent: Heinrich Bedford-Strohm, seinerzeit Ratsvorsitzender der EKD, war als Gast in Kreta dabei. Prof. Dr. Martin Illert, der damals Referent für Orthodoxie im Kirchenamt der EKD war, begleitete ihn. Metropolit Augoustinos von Deutschland gehörte zu den Konzilsvätern, Erzpriester Constantin Miron zu den Beratern der Delegation des Ökumenischen Patriarchats und Professor Konstantinos Delikonstantis war der Leiter des Redaktionsteams der Konzilstexte. Die Zusammensetzung des aktuellen Treffens der EKD und des Ökumenischen Patriarchats ist also auch in der Zusammensetzung dem Konzil von Kreta in gewisser Weise ganz nah. Die

Tatsache, dass der Ratsvorsitzende der EKD selbstverständlich einen Gaststatus beim Konzil innehatte, hängt m. E. auch mit den jahrzehntelangen zwischen der EKD und dem Ökumenischen Patriarchat gepflegten Dialogbegegnungen zusammen. Es handelt sich, wenn man so möchte, um ein non-verbales Signal der Wertschätzung dieses Dialoges.

Zu den verbalen Formen des Konzils, die theologisches Denken zum Ausdruck bringen, gehört das Gespräch. Es kann so unterschiedlich und turbulent verlaufen, wie die mannigfaltigen Charaktere und Gemüter der Gesprächspartner es beeinflussen. Manchmal liegt es auch in der ordnenden Hand des Moderators, verwandte und divergierende Meinungen zu sortieren und zu einmütigem Handeln zu leiten. Was am Ende als schriftliches Wort der Öffentlichkeit zugänglich gemacht wird, ist das Ergebnis eines lebendigen Prozesses, der – wie anfangs erwähnt – etwa ein Jahrhundert gedauert hat und noch nicht abgeschlossen ist. Wird im Nachhinein auf einen schriftlichen Text eingegangen, so muss er auf dem beschriebenen Hintergrund gelesen werden, nämlich dem lebendigen Ringen um die Wahrheit. Selbst wenn die Texte einen gewissen Pragmatismus in sich tragen, unterliegen sie keiner Beliebigkeit. Vielmehr versuchen sie, dem kirchlichen Bewusstsein des Glaubens in der Welt von heute Ausdruck zu verleihen.

Die offiziellen Texte der Dokumente sind in allen Konzilssprachen (Griechisch, Englisch, Französisch, Russisch) erschienen,[1] wobei der griechische Text die Originalfassung bildet, auf der die Texte der anderen Konzilssprachen basieren. Beim deutschen Text wird im Nachfolgenden auf die offizielle Übersetzung der Griechisch-Orthodoxen Metropolie von Deutschland zurückgegriffen, die in einem bilingualen griechisch-deutschen Band erschienen ist.[2] Für das Verständnis der innerchristlichen Beziehungen ist das Konzilsdokument unter dem Titel »Beziehungen der Orthodoxen Kirche zur übrigen christlichen Welt«[3] von zentraler Bedeutung. Vor allem auf diesem Dokument basieren die Ausführungen des vorliegenden Beitrags, die in fünf Punkte gegliedert sind: 1. Adressat des

---

[1] Vgl. die offizielle Website des Heiligen und Großen Konzils von Kreta (2016): https://www.holycouncil.org/ (abgerufen am 12.02.2024).
[2] Bischof Bartholomaios von Arianz u. a. (Hrsg.), Synodos. Die offiziellen Dokumente des Heiligen und Großen Konzils der Orthodoxen Kirche (Kreta, 18.–26.06.2018)/ Σύνοδος. Τα επίσημα έγγραφα της Αγίας και Μεγάλης Συνόδου της Ορθοδόξου Εκκλησίας (Κρήτη, 18–26.06.2016), Bonn 2018.
[3] A. a. O., 57–66 (dt.), 145–154 (griech.).

Dokuments, 2. Genese und Struktur des Textes, 3. Grundlagen der orthodoxen Mitwirkung in der Ökumene, 4. Votum zu ökumenischen Dialogen, 5. Ausblick. Zum besseren Verständnis des Dokuments wird an zwei Stellen die »Enzyklika des Heiligen und Großen Konzils der Orthodoxen Kirche (Kreta 2016)«[4] herangezogen.

1. Adressat des Dokuments

Neben den elf Vertretern der verschiedenen Kirchen (alt-katholisch, anglikanisch, armenisch, koptisch, lutherisch, römisch-katholisch, syrisch) nahmen vier Vertreter ökumenischer Räte (Ökumenischer Rat der Kirchen, Konferenz Europäischer Kirchen, Nahöstlicher Kirchenrat) – größtenteils mit Begleitung – an der Eröffnungs- und der Abschlusssitzung des Konzils teil. Gemäß der Geschäftsordnung des Konzils sind die Arbeitssitzungen, nicht nur zu diesem, sondern zu allen Dokumenten, den Delegierten der autokephalen orthodoxen Kirchen vorbehalten. Im Sinne des synodalen Verständnisses von Kirche, das ein Konzil als solches definiert, sind Gäste grundsätzlich nicht vorgesehen. Darüber hinaus bedürfen Beratungen, die den Anspruch eines Konzils der Weltorthodoxie erheben, eines geschützten Raumes. Es handelt sich um den Raum für interne Beratungen zu einem Dokument, das sich an die orthodoxe Welt richtet. Die orthodoxen Christen, Klerus und Volk, sind auch die Adressaten des Textes und die Akteure seiner Rezeption. Dass die Fachleute der »übrigen christlichen Welt« mit gesteigertem Interesse die Beratungen und den abschließenden Text des Dokumentes betrachten, steht außer Frage.

2. Genese und Struktur des Textes

Der Text des Dokuments entspricht jenem Text zu den bilateralen ökumenischen Gesprächen und zum Verhältnis der Orthodoxen Kirche zum ÖRK, der bereits auf der III. Panorthodoxen Vorkonziliaren Konferenz (1986) verabschiedet wurde. Der Text von Kreta verzichtet allerdings darauf, den Stand der bilateralen Dialoge aufzunehmen, zumal sich dieser zwischenzeitlich in bestimmten Bereichen bedeutend verändert hatte (z. B. im Dialog mit den Alt-Katholiken und den Anglikanern). Der Text wurde ent-

---

[4] A. a. O., 20–41 (dt.), 108–129 (griech.).

sprechend gekürzt und überarbeitet, stimmt aber in seinen grundlegenden Aussagen mit jenen von 1986 überein.

Der Text des Dokuments »Beziehungen der Orthodoxen Kirche zur übrigen christlichen Welt« ist in 24 nummerierte Absätze unterteilt.[5] Zur besseren Übersichtlichkeit lässt sich der Text in vier Teile gliedern, die vor allem mit seiner Genese verbunden sind[6]: 1. Allgemeine Grundlagen der orthodoxen Mitwirkung in der Ökumene (Art. 1–8), 2. Bilaterale Dialoge der Orthodoxen Kirche (Art. 9–15), 3. Orthodoxe Position zur multilateralen Ökumene (Art. 16–21), 4. Mahnender Schlussteil (Art. 22–24). Der Text schließt mit einem nicht-nummerierten Satz als eine Art als Epilog. Es handelt sich um das Gebet für ein gemeinsames Mühen der Christen, »dass der Tag kommt, an dem der Herr die Hoffnung der Orthodoxen Kirchen erfüllt, dass ›eine Herde und ein Hirte‹ sei (Joh 10, 16).«

3. Grundlagen für die orthodoxe Mitwirkung in der Ökumene

Bei den allgemeinen Grundlagen für die orthodoxe Mitwirkung in der Ökumene (Art. 1–8) handelt es sich, wie auch an der Genese des Textes abzulesen ist, um bereits bekannte und in ökumenischen Kontexten kontinuierlich verwendete theologische Aussagen. Sie betreffen zum einen das Verständnis von Kirche und Kirche-Sein zum anderen die Frage nach der Einheit. Auch die anderen Abschnitte zur bilateralen (Art. 9–15) und multilateralen Ökumene (Art. 22–24) weisen Inhalte auf, die maßgebend für die Grundlagen der ökumenischen Zusammenarbeit sind. Die beschriebenen Aspekte werden in den nachfolgenden drei Punkten behandelt: 1. Ekklesiologisches Verständnis, 2. Frage nach der Einheit, 3. Theologische Grundlagen für die ökumenische Zusammenarbeit.

3.1 Ekklesiologisches Verständnis

Die Orthodoxe Kirche versteht sich als »die eine, heilige, katholische und apostolische Kirche«. Sie übernimmt dieses Zitat aus dem Glaubens-

---

[5] Die Absätze dieses Dokuments werden im Folgenden als »Artikel« mit »Art.« abgekürzt. Den Absätzen der Enzyklika des Konzils wird vor den »Art.« der Zusatz »Enzyklika« vorangestellt.

[6] Vgl. Johannes Oeldemann, Die Heilige und Große Synode der Orthodoxen Kirche auf Kreta. Eine erste Einordnung aus katholischer Sicht, in: Ökumenische Rundschau 66 (2017) 1, 48–58, hier: 52f.

bekenntnis von Nizäa-Konstantinopel gleich im ersten Satz des Dokuments (Art. 1). Diese Aussage kann von Orthodoxen und von Nicht-Orthodoxen auf zwei Weisen verstanden werden[7]: »exklusiv und antiökumenisch oder inklusiv als notwendiges Vorverständnis jeder echten ökumenischen Bewegung«.[8] Im ersten Fall wird keine Kirche außerhalb der orthodoxen Kirchgemeinschaft anerkannt, während die anderen Kirchen als schismatisch oder häretisch eingestuft werden. Nach Nikos Nissiotis,[9] dessen Werk auf das Jahr 1968 zurückgeht, führt diese Interpretation auf die westliche scholastische Methode nach der Lehre der »vestigia ecclesiae« (»Spuren der Kirche«) zurück. Er betrachtet vielmehr die zweite Interpretation als der Orthodoxie innewohnenden Zug und Ausdruck ihrer Liebe zur Einheit der Kirche. Der wesentliche Beitrag der Orthodoxie zur ökumenischen Bewegung ist demnach das Zeugnis, dass »es nur *eine* Kirche geben kann«,[10] denn die Einheit gehört zur ureigensten Natur der Kirche.

Nissiotis kann nicht stellvertretend für alle Konzilsväter herangezogen werden. Allerdings lässt die Tatsache, dass der beschriebene Ansatz im Dokument nicht weiter konkretisiert wird, Raum für dessen Interpretation und sein noch ungenutztes Potential. Er bietet sowohl Chancen als auch Herausforderungen für die christliche Ökumene. Zum einen klingt er »ein wenig fremd und paradox für das westliche Christentum, und man kann verstehen, daß es darauf reagiert mit der Ansicht, die orthodoxe Haltung sei unrealistisch und ohne praktische Bedeutung.«[11] Zum anderen birgt das Spannungsverhältnis zwischen »Kirche« und gespaltener Christenheit auch die Frage in sich, wie die ökumenischen Dialogpartner wahrgenommen werden. Das Dokument selbst positioniert sich weder expressis verbis zum Verhältnis der Orthodoxen Kirche zur Kirche Christi noch verwendet es Kategorisierungen für die anderen Kirchen im Sinne der »vestigia ecclesiae«; damit bleibt das Dokument seiner vorkonziliaren Linie treu.

---

[7] Vgl. im Nachfolgenden Nikos Nissiotis, Die Theologie der Ostkirche im Ökumenischen Dialog. Kirche und Welt in orthodoxer Sicht, Stuttgart 1968, 147.
[8] Ebd.
[9] Nikos Nissiotis, geb. 1924 in Athen, gest. 1986, war orthodoxer Theologe und Religionsphilosoph. Er studierte in Athen, Zürich, Basel und Löwen. Den Doktor der Theologie erhielt er in Athen, wo er eine außerordentliche Professur innehatte. Nissiotis nahm als Beobachter für die östlichen und orientalisch-orthodoxen Kirchen am II. Vatikanum (1962–1965) teil. Danach war er Direktor des Ökumenischen Instituts in Bossey (1966–1974).
[10] Nikos Nissiotis, Theologie (s. Anm. 7), 147.
[11] Ebd.

Die »historischen Namen« der ökumenischen Dialogpartner als »Kirchen« (Art. 6) bilden allerdings jene Ausdrücke, um die auf dem Konzil am meisten gerungen wurde. Es handelt sich freilich um eine Kompromiss-Formel, die mehr oder weniger für alle »Mitstreiter« vertretbar erschien. Aus der ursprünglichen »historischen Existenz der anderen Kirchen« im vorkonziliaren Dokument (1986) wurde schließlich die Selbstbezeichnung der entsprechenden Kirchen umschrieben, ohne ihren ekklesiologischen Status näher zu definieren.[12] Wörtlich heißt es im Dokument: »Die Einheit, welche der Kirche gemäß ihrer eigenen ontologischen Natur eigen ist, kann nicht zerstört werden. Trotzdem akzeptiert die Orthodoxe Kirche den historischen Namen anderer nicht-orthodoxer christlicher Kirchen und Konfessionen« (Art. 6).

In diesem Zitat verdient der Ausdruck »trotzdem« (Art. 6) besondere Aufmerksamkeit. Er deutet auf den Versuch hin, die Spannung zwischen der ontologischen Einheit der Kirche und dem Paradoxon der Vielfalt in diesem Kontext im positiven Sinn zu umschreiben. Die anderen Kirchen werden in ihrem Selbstverständnis wahr- und ernstgenommen sowie als ökumenische Partner anerkannt. Zugleich werden Differenzen und klärungsbedürftige ekklesiologischen Fragen weder ausgelassen noch nivelliert, sondern als dringlicher Gegenstand des ökumenischen Gespräches betrachtet. Es handelt sich um die Fragen zur »Lehre von den Mysterien, der Gnade des Priestertums und der apostolischen Sukzession im Ganzen« (Art. 6). Sie tangieren gewissermaßen die ekklesiologischen Grundlagen für die ökumenische Zusammenarbeit, die Gegenstand des nachfolgenden Punktes sind.

3.2 Die Frage nach der Einheit

Die Einheit als genuiner Wesenszug der Kirche und als Orientierung für alle ökumenischen Dialoge, im Sinne der Einheit der Christen, durchzieht als roter Faden das gesamte Dokument. Die Einheit der Orthodoxen Kirche wird auf ihre Gründung durch Jesus Christus, die Gemeinschaft in der Heiligen Dreiheit und in den Mysterien zurückgeführt (Art. 2). Die Enzy-

---

[12] Vgl. Erzpriester Radu Constantin Miron, Das Heilige und Große Konzil der Orthodoxen Kirche – Kommentierte Tagebuchaufzeichnungen eines Teilnehmers, in: Die ökumenische Bedeutung des Heiligen und Großen Konzils der Orthodoxen Kirche. Studientag der Mitgliederversammlung der Arbeitsgemeinschaft Christlicher Kirchen in Deutschland (ACK). Mainz, 15. März 2018, epd-Dokumentation (34/2018), 12–28, hier: 24.

klika des Konzils nimmt den Dokumenten-Duktus zurück und bezeichnet die »eine, heilige, katholische und apostolische Kirche« als »gottmenschliche Gemeinschaft nach dem Bild der Heiligen Dreiheit« (Enzyklika, Art. 1). Die untrennbare innertrinitarische Einheit spiegelt sich in der Einheit der Kirche wider und bildet eine dogmatische Äquivalenz, die im liturgischen Leben erfahrbar wird. Das *Sein* der einen Kirche als Leib Christi wird aus dem liturgischen Leben genährt und in der Enzyklika weiter konkretisiert als

> »ein Vorgeschmack und eine Erfahrung des Eschaton in der heiligen Eucharistie und eine Offenbarung der Herrlichkeit der Dinge, die kommen, und – als ein fortwährendes Pfingsten – ist sie die prophetische Stimme in dieser Welt, die nicht zum Schweigen gebracht werden kann, die Gegenwart und das Zeugnis von Gottes Reich, ›das mit Macht gekommen ist‹ (vgl. Mk 9,1). Die Kirche als Leib Christi ›versammelt‹ (Mt 23,37) die Welt bei Ihm, verklärt sie und tränkt sie mit ›dem Wasser, das in das ewige Leben fließt‹ (Joh 4,14).« (Enzyklika, Art. 1)

Der weitere Text der Enzyklika zum Kirchenverständnis setzt sich im selben Stil fort.

Er gibt einen Einblick, was die Konzilsväter (und nicht nur diese) mit dem Glaubensartikel zur Kirche verbinden können, selbst wenn er als schlichter kurzer Satz formuliert ist. Das Spektrum der Einheit der Kirche erstreckt sich von der Eucharistie zur Eschatologie, als Offenbarungs- und Pfingsterfahrung, als Vergegenwärtigung und Zeugnis vom Reich Gottes in der Welt sowie als Ort der Versammlung der ganzen Welt und ihrer Heiligung im Leib Christi. Zu jedem dieser Aspekte ließe sich eine eigene wissenschaftliche Tagung organisieren, ohne das Thema jeweils vollends auszuschöpfen. Das Verständnis von der einen Kirche umfasst dogmatische Inhalte in einer derartigen Vielschichtigkeit, so dass sich auch die Bezugnahme auf nicht-orthodoxe christliche Kirchen komplexer gestaltet.

Die theologische Antwort auf die Frage nach der Einheit löst sich nicht allein durch intellektuelle Bemühungen. Die Einheit im Leib Christi bedarf vor allem des Gebetes. Das Dokument zitiert das Gebet »um die Einheit aller«, das sie als Förderung für »den Dialog mit den von ihr Getrennten« bezeichnet und ihre führende Rolle »an der ökumenischen Bewegung« begründet (Art. 4). Beim zitierten Gebet handelt sich um die zweite Bitte der Friedensektenie, die orthodoxe Christen in aller Regel mit der Göttlichen Liturgie verbinden. Dort ist es in einer ganzen Reihe von Gebeten für den Frieden eingebettet und lautet in seiner vollständigen Form: »Um den Frieden der ganzen Welt, den Wohlbestand der heiligen Kirchen Gottes und die Einheit aller lasst uns beten zum Herrn.«[13]

Es entsteht der Eindruck, dass diese Bitte, die in jeder eucharistischen Feier gebetet wird, aus ihrem Kontext gelöst ist. Schließlich ist die Bitte so umfassend, wie die Göttliche Liturgie selbst. Sie kommt der Aussage der Enzyklika nahe, dass in der Kirche die ganze Welt in Christus versammelt wird (Art. 1). Das Heilswerk des menschgewordenen Logos ist nicht exklusiv, sondern es betrifft die ganze menschliche Natur. Entsprechend ist die ganze Menschheit zur Einheit in Christus berufen. Der griechische Originaltext sieht für den im offiziellen deutschen Text des Dokuments als »Einheit« wiedergegebenen Begriff das Wort »ἕνωσις«[14] vor. In den deutschen Liturgieübersetzungen findet es sich auch als »Einigung«[15] wieder. Es handelt um ein Nomen actionis, d.h. es bezeichnet keinen Zustand, sondern einen aktiven Vorgang. Es handelt sich um einen Auftrag an uns, eins zu sein in Christus. Seine Erfüllung ist kein leichtes Unterfangen. Es handelt sich um einen synergetischen Akt, der nicht nur des menschlichen Mühens, sondern zugleich göttlichen Wirkens bedarf. Das Anliegen wird im Gebet dem Herrn anvertraut und durch das Wirken des Heiligen Geistes erfüllt.

Diese umfassende Bitte für die Einheit aller wird in mehrere Konkretionen aufgebrochen. Wie bereits einleitend bemerkt, impliziert das Dokument die Einheitsbemühungen orthodoxer Christen in Zusammenarbeit mit Mitgliedern nicht-orthodoxer Kirchen und Konfessionen (Art. 19). Die Implikation ist insofern nachvollziehbar, als dass es sich um das ausgewiesene Thema des Dokuments handelt. Möchte man die Konkretionen der Friedensektenie weiter aufbrechen, empfiehlt es sich nochmal in den Gebetstext zu sehen. Es wird um den »Wohlbestand der Kirchen Gottes«[16] gebetet. Es ist davon auszugehen, dass hier die Ortskirchen gemeint sind, wie wir sie bereits aus frühchristlicher Zeit kennen. Das Mühen um die Einheit ist immer ein Ringen um diese innerhalb der eigenen Reihen. Tragen die Formen der Zusammenarbeit mit den nicht-orthodoxen Kirchen an anderer Stelle zur Beschädigung des »Wohlbestands der heiligen Kir-

---

[13] Göttliche Liturgie unseres Heiligen Vaters Johannes Chrysostomos. Dt. Übersetzung der OBKD, 2, zitiert nach: www.obkd.de (abgerufen am 12.02.2024).
[14] Vgl. Anastasios Kallis (Hrsg.), Göttliche Liturgie. Griechisch-Deutsch-Neugriechisch. Übersetzt und erläutert von Anastasios Kallis, Doxologie. Gebetstexte der Orthodoxen Kirche IX, Münster 2004, 43.
[15] A.a.O., Zweite Bitte der Friedensektenie, 42.
[16] Göttliche Liturgie (s. Anm. 13), 2.

chen Gottes« bei, zu Zerrissenheit und Spaltung, ist die Frage nach dem Beitrag zur »Einheit aller«[17] legitim. Um diese Einheit ringt das Konzil von Kreta insgesamt und im Dokument konkret. Das bedeutet nicht, dass die ökumenische Zusammenarbeit der Willkür der Akteure überlassen ist. Vielmehr sind die theologischen Grundlagen zu reflektieren und gemessen am kirchlichen Bewusstsein zu formulieren. In welcher Weise dies das Dokument versucht, wird im nächsten Punkt aufgezeigt.

3.3 Theologische Grundlagen für die ökumenische Zusammenarbeit

Das Dokument bleibt seiner vorkonziliaren Argumentation auch in den theologischen Grundlagen treu. Den Ausdruck der unter 3.2 beschriebenen Einheit in Christus, in der Heiligen Dreiheit und dem sakramentalen Leben, betrachtet sie als die bis heute ununterbrochene Lebensweise der Kirche (Art. 2). Als äußeren Ausdruck der inneren Kontinuität betrachtet der Text das Leben der Kirche selbst, die apostolische Sukzession und die Überlieferung der Kirche (Art. 2, 3). Der Überlieferung ist das Attribut »Heilig« (Art. 2) zugeordnet; sie ist nicht einer Beliebigkeit von Traditionsformen unterworfen, sondern sie bezieht sich auf die Ökumenischen Konzile. Letztere werden als Ausdruck der Einheit der Kirche verstanden, ebenso wie die Treue zur Heiligen Schrift (Art. 2, 3). Schrift und Überlieferung bringen die Wahrheit zum Ausdruck, von der es Zeugnis abzulegen gilt (Art. 2). Glaubensaussagen sind allerdings nicht losgelöst von der sakramentalen Gemeinschaft zu betrachten (Art. 3). Ob die Aussage, dass die »nicht-orthodoxen Kirchen und Konfessionen vom wahren Glauben der Einen, Heiligen, Katholischen und Apostolischen Kirche abgewichen sind« (Art. 21) mit dem divergierenden Zugang der verschiedenen Kirchen zur beschriebenen Kontinuität zusammenhängt oder auch mit der Tatsache, dass dieser Glaube nicht mehr in *einer* sakramentalen Gemeinschaft gelebt wird (vgl. Art. 3), wird nicht erläutert. Das Dokument selbst kommentiert diese Aussage zum »wahren Glauben« (Art. 21), die lediglich als Tatsachenbestand angeführt wird, nicht weiter. Es würde sich lohnen über den Wahrheitsbegriff im Zusammenhang mit der Überlieferung und dem Prinzip von lex credendi als lex orandi nachzudenken.

Wenn es für die Orthodoxie so etwas wie ein »Einheitsmodell« gibt, so ist es laut Dokument jenes der Alten Kirche und des Glaubens derselben

---

[17] Ebd. Das griechische »πάντων«, das im Deutschen mit »aller« widergegeben wird, bezieht sich (grammatikalisch) nicht auf die Kirchen. Vielmehr geht die »Einheit aller« von den Kirchen aus und umfasst diese zugleich.

in Übereinstimmung mit den Ökumenischen Konzilien (Art. 18). Es handelt sich dabei nicht nur um eine Zukunftsvision (Art. 5), sondern um den Urgrund jeder ökumenischen Bewegung (Art. 18). Diesem Urgrund entspringt der »Geist der Ökumenizität« und die »Suche nach der verlorenen Einheit«, die schließlich die ökumenischen theologischen Dialoge und die Bestrebungen zur »Wiederherstellung der Einheit der Christen« (Art. 5) begründet und befürwortet. Dialogpartner sind Mitglieder jener Kirchen und Konfessionen, »die nach der Schrift Jesus Christus als Gott und Erlöser anerkennen und den Glauben an den in der Dreiheit verherrlichten Gott, den Vater, den Sohn und den Heiligen Geist bekennen, gemäß dem Glaubensbekenntnis von Nizäa und Konstantinopel« (Art. 19). Der Glaube an den dreieinen Gott und Jesus Christus gemäß dem gemeinsamen Glaubensbekenntnis und der apostolischen Tradition (Art. 4) ist das Kriterium, an dem sich jeder Dialog messen lassen muss.

4. Votum zu ökumenischen Dialogen

Das Dokument zu den innerchristlichen Beziehungen wägt alle in der Orthodoxie bekannten Argumentationen zur ökumenischen Zusammenarbeit ab, weist auf zu vermeidende und für sie nicht akzeptable Fehlentwicklungen (Art. 19, 21, 23) hin und befürwortet eindeutig ihre Mitwirkung an und Fortsetzung von ökumenischen Dialogen. Unüberwindbare theologische Unterschiede sind innerorthodox zu kommunizieren; zugleich kann der ökumenische Dialog fortgesetzt werden (Art. 11), der gerade Raum für die spannenden theologischen Fragen bieten soll. Zieht sich eine einzelne Ortskirche bei der Entsendung von Delegierten zurück, gilt der panorthodoxen Entscheidung zur ökumenischen Kooperation der Vorzug; aus Solidarität und zugunsten der Einheit wird das Gespräch mit der entsprechenden Ortskirche gesucht – aus Solidarität und zugunsten der Einheit wird der ökumenische Dialog fortgesetzt (Art. 9).

Der Ökumenische Rat der Kirchen, die Konferenz Europäischer Kirchen, der Rat des Mittleren Ostens und der Gesamt-Afrikanische Kirchenrat (Art. 16) werden als wichtige Institutionen ökumenischer Zusammenarbeit gewertet. Durchgängig werden auch die bilateralen Dialoge herangezogen, über die alle orthodoxe Landeskirchen berichtet haben, die weltweit aktiv geführt werden (Art. 9). Selbstverständlich bedürfen alle Dialoge einer regelmäßigen Auswertung auf panorthodoxer Ebene, um die orthodoxe Beteiligung fundiert zu beurteilen (Art. 9). Darüber hinaus gilt es den neuen Herausforderungen der Zeit gerecht zu werden und bei Bedarf neue Formen des ökumenischen Dialogs zu ermöglichen; gleichwohl bleibt Grundlage die Grundlage hierfür der Glaube der Orthodoxen Kirche und ihre apostolische Tradition (Art. 24).

5. Ausblick

Viele wünschen sich aus nachvollziehbaren Gründen ein ekklesiologisches Konzept aus orthodoxer Perspektive für die Gestaltung der ökumenischen Beziehungen. Wer die Ausarbeitung eines solchen Konzepts vom Konzil erwartete, hat seine Erwartungen unter Umständen nicht am vorkonziliaren Prozess und an der Arbeitskultur des Konzils gemessen. In der Ökumene gilt es nicht immer darum, fertige Lösungen zu erarbeiten, sondern vor allem darum, Zeichen zu setzen. Das vorgestellte Dokument setzt ein positives Signal für die ökumenischen Dialoge. Einen solchen von der Weltorthodoxie getragenen Text auf Konzilsebene hat es bisher noch nicht gegeben. Bedenkt man den Entstehungskontext und die Adressaten des Dokuments, kann man von einem Meilenstein für die ökumenische Bewegung sprechen. In Deutschland geht es mit dem theologischen Dialog in der Ökumene in bewährter Weise weiter; vielleicht etwas gestärkter, dankbar für das Geschenk der Begegnung und die Schritte des Aufeinander-Zugehens, gerüstet mit der erforderlichen Demut, die es bedarf, um Raum für die Antwort auf das Gebet für die »Einheit aller« zuzulassen.

Mut und Gemeinschaft.
Einführung in das Dokument »Für das Leben der Welt«*

Georgios Vlantis, München

Die Erscheinung des Dokuments »Für das Leben der Welt. Auf dem Weg zu einem Sozialethos der Orthodoxen Kirche« im März 2020 war, was die Orthodoxie angeht, das wichtigste theologische Ereignis dieses schwierigen Jahres.[1] Mitten in den andauernden innerorthodoxen Spannungen und am Beginn der pandemiebedingten weltweiten Unsicherheit und Angst haben die erfrischenden Impulse des Textes vielen ostkirchlichen Gläubigen Trost und Mut geschenkt, als Zeugnis einer traditionstreuen Theologie, die sich nicht von nationalistischen Narrativen instrumentalisieren lässt, sondern gerne das anspruchsvolle Gespräch mit der modernen Welt sucht.

---

* Eine erste, kürzere Version dieses Beitrags ist unter dem Titel »Mut ex oriente. Zum neuen orthodoxen sozialethischen Dokument Für das Leben der Welt« in Pro Oriente-Magazin 2/2021, 2–4 erschienen.

[1] Das Dokument ist auf der Website der Griechisch-Orthodoxen Erzdiözese von Amerika in 14 Sprachen verfügbar: https://www.goarch.org/social-ethos (abgerufen am 01.10.2022). Inzwischen gibt es zwei deutsche Übersetzungen: Barbara Hallensleben, Für das Leben der Welt. Auf dem Weg zu einem Sozialethos der Orthodoxen Kirche, Mit einem Geleitwort des Ökumenischen Patriarchen Bartholomäus, Epiphania Egregia 18, Münster 2020 und Anastasia Limberger, Für das Leben der Welt. Auf dem Weg zu einem Sozialethos der Orthodoxen Kirche, Orthodoxes Forum 34 (2020), 197–254. Alle Zitate in diesem Artikel stammen aus der Übersetzung von Barbara Hallensleben (Abkürzung: FLW). Vgl. Eva Synek, »Für das Leben der Welt«. Das neue Sozialdokument des Ökumenischen Patriarchats und seine deutschen Übersetzungen, Ostkirchliche Studien 70 (2021), 166–176.

1. Entstehung und Charakter des Textes

Zusammen mit der Gründung der »International Orthodox Theological Association« (IOTA) und der Wiederbelebung der Diskussion über das Frauendiakonat (das Patriarchat von Alexandrien hat inzwischen Diakoninnen geweiht)[2] zählt das Dokument zu den Früchten der Dynamik, die aus dem Heiligen und Großen Konzil der Orthodoxen Kirche (2016) entstand. Genau ein Jahr später beauftragte der Ökumenische Patriarch Bartholomaios I. eine Sonderkommission von Theologinnen und Theologen, »ein offizielles Dokument über die Soziallehre der Orthodoxen Kirche vorzubereiten, wie sie in der Tradition im Laufe der Jahrhunderte und vom Ökumenischen Patriarchat reflektiert und zum Ausdruck gebracht wurde, insbesondere in den kürzlich verabschiedeten Dokumenten und Beschlüssen der Heiligen und Großen Synode von Kreta«.[3] Zu den zwölf Kommissionsmitgliedern (Vorsitzender: Erzdiakon Dr. John Chryssavgis)[4] gehörte kein Bischof, aber mehrere Presbyter, Diakone und Laien, Männer und Frauen, aus sechs Ländern auf vier Kontinenten (Vereinigte Staaten, Australien, Griechenland, Großbritannien, Türkei, Südkorea).

An einem vom Ökumenischen Patriarchat initiierten außergewöhnlichen Konsultationsprozess haben mehr als 25 Eparchien der Kirche von Konstantinopel mit ausführlichen Beiträgen aktiv teilgenommen, die die Sonderkommission studiert hat. Die Synode des Patriarchats hat am 18. Januar 2020 den Entwurf des von der Kommission verfassten Dokuments positiv beurteilt und dessen Veröffentlichung genehmigt. Der von der Synode approbierte Text wurde anschließend mit weiterem Material ergänzt

---

[2] S. Petros Vassiliadis, The Revival of the Order of Diaconess by the Patriarchate of Alexandria, https://publicorthodoxy.org/2017/11/17/support-alexandria-deaconess/ (abgerufen am 01.10.2022).

[3] Zitiert in: David Bentley Hart/John Chryssavgis, Einführung, FLW, 5.

[4] Mitglieder der Sonderkommission: P. Dr. John Chryssavgis, Ökumenisches Patriarchat, Vorsitzender; Dr. David Bentley Hart, Notre Dame Institute for Advanced Study, Dr. George Demacopoulos, Fordham University, Dr. Carrie Frederick Frost, Ukrainisch-Orthodoxes Seminar St. Sophia, P. Dr. Brandon Gallaher, Universität Exeter, P. Dr. Perry Hamalis, North Central College, P. Dr. Nicolas Kazarian, Griechische Orthodoxe Erzdiözese von Amerika, Dr. Aristoteles Papanikolaou, Fordham University, Dr. James Skedros, Holy Cross School of Theology, Dr. Gayle Woloschak, Northwestern University, Dr. Konstantinos Delikostantis, Ökumenisches Patriarchat, Dr. Theodoros Yiangou, Universität Thessaloniki. Sekretär: Nicholas Anton, Griechisch-Orthodoxe Erzdiözese von Amerika. Wie in der Patriarchalen Urkunde mit Protokoll-Nr. 840/2019 festgehalten ist, ist das Dokument auf einen Vorschlag und die Initiative von John Chryssavgis zurückzuführen (FLW, 4).

und zur Veröffentlichung redigiert.[5] Erschienen ist er sowohl elektronisch, auf der Website der Griechisch-Orthodoxen Erzdiözese von Amerika, als auch in Druckform.[6] Der Ökumene mit der Römisch-katholischen Kirche ist die weltweit erste Monographie (381 S.) über das Dokument, verfasst vom Pater PD Dr. Dietmar Schon OP, zu verdanken.[7]

FLW ist kein offizieller Text des Ökumenischen Patriarchats im Sinne einer kirchenrechtlich verbindlichen Lehre. Es geht um einen gewichtigen theologischen Impuls, der die Rückendeckung der Kirche von Konstantinopel als Anregung für eine weitere sozialethische Diskussion genießt.[8]

Das Dokument rezipiert die sozialethischen Impulse des Heiligen und Großen Konzils. Diese gehören zu denjenigen Früchten von Kreta 2016, die den heutigen Menschen am meisten ansprechen und die gleichzeitig innerorthodox am wenigsten umstritten sind; letztendlich waren alle orthodoxen Kirchen an der Anfertigung der Konzilsdokumente beteiligt, auch diejenigen, die am Ende nicht nach Kreta gekommen sind. Die pastorale Bedeutung sozialethischer Fragestellungen wird ebenfalls im Dokument immer wieder hervorgehoben und gilt tatsächlich als entscheidendes

---

[5] S. David Bentley Hart/John Chryssavgis, Einführung, FLW, 5f.

[6] David Bentley Hart/John Chryssavgis (eds.), For the Life of the World. Towards a Social Ethos of the Orthodox Church, Brookline, Mass. 2020.

[7] Dietmar Schon OP, Berufen zur Verwandlung der Welt. Die Orthodoxe Kirche in sozialer und ethischer Verantwortung, Schriften des Ostkircheninstituts der Diözese Regensburg 6, Regensburg 2021. Inzwischen hat Schon dem Dokument einen zweiten Band gewidmet (Gemeinsame Verantwortung fur die Welt? Orthodox-Katholische Annäherung in sozialethischen Fragen, Schriften des Ostkircheninstituts der Diözese Regensburg 8, Regensburg 2023): hier wird FLW mit römisch-katholischen lehramtlichen Dokumenten verglichen. In den zwei wertvollen Publikationen von P. Dietmar Schon wird auch die wichtigste Literatur zu FLW zusammengestellt. Sehr lesenswert sind die dem Dokument gewidmeten Beiträge in Review of Ecumenical Studies 13 (1/4.2021), 5–57.

[8] Ökumenischer Patriarch Bartholomaios, Patriarchale Urkunde, Protokoll-Nr. 840/2019: »Die Heilige Synode des Ökumenischen Patriarchats approbiert daher nach positiver Beurteilung dieses umfassenden Dokuments dessen offizielle Veröffentlichung als Frucht einer gemeinsamen theologischen Leistung. Das Dokument gibt die Rahmenbedingungen und Richtlinien für die soziale Verantwortung unserer Kirche angesichts der komplexen Herausforderungen und Probleme der heutigen Welt vor, ohne gleichzeitig das günstige Potential und die positiven Perspektiven der gegenwärtigen Zivilisation zu übersehen« (FLW, 4). Vgl. David Bentley Hart/John Chryssavgis, Einführung, FLW, 10: »In dieser Hinsicht unterbreiten die Mitglieder der Kommission diesen Dienst der Gesamtkirche als einen ersten Schritt zu einem weitaus umfassenderen theologischen Dialog und als Hilfe für das geistliche Wachstum der orthodoxen Gläubigen«. Vgl. FLW § 82.

Motiv seiner Entstehung. Diese Fragen stehen auch im Zentrum der ökumenischen Diskussion; in der Sozialethik sind Übereinstimmungen leichter als in unmittelbar dogmatischen oder individualethischen Themen zu erzeugen. FLW kann man u. a. in vielerlei Hinsicht als implizite Reaktion und Würdigung mehrerer Impulse des Pontifikats von Papst Franziskus und des Ökumenischen Rates der Kirchen wahrnehmen.

Dieser Text erscheint 20 Jahre nach der »Sozialdoktrin der Russischen Orthodoxen Kirche«, dem ersten ausführlichen offiziellen sozialethischen Text aus der Orthodoxen Tradition, der dennoch kontrovers diskutiert wurde. FLW wurde allerdings nicht als Gegenentwurf zum Text Moskaus konzipiert. Das russische Dokument hat einen anderen Hintergrund und eine andere Zielsetzung, wurde schon längst diskutiert, wenn nicht ausdiskutiert. FLW erwähnt das russische Dokument absichtlich nicht namentlich, auch wenn es sich indirekt mit einigen darin vertretenen Ansichten auseinandersetzt; es erwähnt aber auch unmittelbar keine andere von den vielen Positionierungen autokephaler Kirche zum einen oder anderen sozialethischen Thema. In einer Zeit großer innerorthodoxer Spannungen möchte man weiteren Sprengstoff vermeiden, der auch die breitere Rezeption des Textes verhindern würde.[9]

2. Theologische Voraussetzungen[10]

Der Text ist von einem apophatischen Moment durchzogen. Man spricht nicht von einer Sozialethik, sondern von einem Sozialethos. Daran erkennt man die gewisse Aversion der neueren orthodoxen Theologie gegen geschlossene Systeme; man versucht eher von einer Erfahrung zu berichten, Zeugnis einer Wirklichkeit abzulegen, die über das menschliche Denk- und Sprachvermögen hinausgeht. Die Orthodoxie lebt tatsächlich in der Spannung zwischen einem starken theologischen Selbstbewusstsein und der gleichzeitigen Wahrnehmung der Grenzen der Theologie und deren Sprache. An Selbstbewusstsein fehlt es dem Dokument jedenfalls nicht;

---

[9] Vgl. das Geleitwort des Ökumenischen Patriarchen in der deutschen Übersetzung: »Es sei notiert, dass der Text [...] kein Nachtrag, keine Ergänzung, keine Antwort zum entsprechenden Text des Moskauer Patriarchats ist, der seinen Wert und seine eigene Rezeptionsgeschichte hat.« (FLW, 3) Einen vorsichtigen, detaillierten Vergleich der zwei Dokumente unternimmt Dietmar Schon, Berufen (s. Anm. 7).

[10] S. ausführlich bes. Dietmar Schon, Berufen (s. Anm. 7), 43–52. Vgl. David Bentley Hart/John Chryssavgis, Einführung, FLW, 6–9.

sehr deutlich ist aber auch seine Selbstrelativierung und die Kontextualisierung sowohl als Methode, als auch als pastorale Empfehlung.

FLW wird von einem stark personalistischen Ansatz geprägt, der trinitätstheologische und christologische Wurzeln hat, in einer Tradition, die zuletzt Theologen wie Ioannis Zizioulas, Christos Yannaras und Kallistos Ware gepflegt haben. Der Mensch ist eine authentische Person in Gemeinschaft mit dem dreieinigen Gott und der Welt; sein Ziel ist gerade diese authentische Gottesgemeinschaft, die Vergöttlichung. Die Welt wird als Ort einer kosmischen Liturgie wahrgenommen, wo der Mensch als Priester der Schöpfung verstanden wird. Sein Auftrag ist es, mit seinem Handeln und in Gemeinschaft mit Gott nicht einfach zur Verbesserung, sondern zur Verwandlung der Welt beizutragen. Zentrum dieses Prozesses ist Jesus Christus selber, mit dem der Mensch unmittelbare Gemeinschaft im Mysterium der Eucharistie vollzieht. Das Sozialethos der Orthodoxie ist somit ein eucharistisches. Der Name des Dokuments, FLW, ist nicht nur ein Zitat aus der Bibel und der Liturgie, sondern auch der Titel eines theologischen Klassikers der Orthodoxie, verfasst vom russischen Theologen Vater Alexander Schmemann. Im Dokument nimmt noch die Eschatologie einen zentralen Platz ein: Die Herausforderungen der Sozialethik werden nach ihrer eschatologischen Relevanz gemessen. Trennungen dieser Welt, die eschatologisch endgültig überwunden werden, müssen schon hier mit dem Ziel ihrer Heilung angesprochen werden (z. B. Nationalismus).

FLW argumentiert gerne biblisch. Die Gemeinschaft der apostolischen Zeiten, die Ursprünge des Christentums, dienen der Orientierung der Gläubigen. Kirchenväter werden reichlich zitiert; die Orthodoxie hebt bekanntlich die Kontinuität von Schrift und Tradition hervor. Beispiele von heiligen Männern und Frauen der alten Kirche, aber auch unserer Zeit, Byzantiner und Slawen, Figuren des Ostens, aber auch des Westens, wollen überzeugen, dass die sozialethischen Prinzipien der Orthodoxie durchaus realisierbar sind. Von einem pastoralen Ansatz ausgehend möchte man nicht auf der Basis abstrakter Prinzipien, sondern aus der Mitte einer lebendigen Gemeinschaft argumentieren und inspirieren.

3. Struktur und Zentralaussagen

FLW wird in sieben Hauptkapitel unterteilt, begleitet von einer Einführung und einer Schlussfolgerung:

I. Einführung
II. Die Kirche im öffentlichen Raum
III. Der Lauf des menschlichen Lebens
IV. Armut, Reichtum und bürgerliche Gerechtigkeit
V. Krieg, Frieden und Gewalt
VI. Ökumenische Beziehungen und Beziehungen zu anderen Religionen
VII. Orthodoxie und Menschenrechte
VIII. Wissenschaft, Technik, die Welt der Natur
IX. Schlussfolgerung

Das Dokument wird von weiteren Materialien begleitet, die zu seinem Verständnis und seiner Einordnung beitragen: die Patriarchale Urkunde, die Einführung von David Bentley Hart und John Chryssavgis zu seinen Hintergründen und das Vorwort des Erzbischofs Elpidophoros von Amerika. Die deutsche Übersetzung des Textes ist mit einem extra dafür geschriebenen Geleitwort des Ökumenischen Patriarchen versehen.

Aus der beachtlichen Fülle der Impulse des Dokuments werden hier exemplarisch einige erwähnt. Die Eucharistie wird nicht nur sakramentaltheologisch, sondern auch als »prophetisches Zeichen« angesehen; »sie ist eine Kritik an allen politischen Regimen, insofern sie hinter der göttlichen Liebe zurückbleiben, und zugleich eine Einladung an alle Völker, zuerst das Reich Gottes und seine Gerechtigkeit zu suchen« (§ 8). Christen dürfen »echte Dankbarkeit für das besondere demokratische Genie der Moderne« empfinden (§ 10) – keine selbstverständliche Aussage für orthodoxe Kontexte, wo immer noch eine Sehnsucht für imperiale politische Paradigmen kultiviert wird. Der Nationalismus wird in aller Schärfe verurteilt (§ 11), da diese Versuchung die Orthodoxie seit Jahrhunderten plagt. »Die Auflösung der alten Übereinkunft zwischen Staat und Kirche – oder Thron und Altar« wird als »ein großer Segen für die christliche Kultur« (§ 13) gewürdigt; noch eine Ermutigung für politische Reflexionen über das Symphonie-Paradigma hinaus.

Die Kindermissbrauchsthematik wird ebenfalls angesprochen: »Es gibt keine Situation, in der ein Mitglied der Kirche, wenn es von einem Fall sexuellen Missbrauchs eines Kindes erfährt, es versäumen darf, dies sofort den zivilen Behörden und dem Ortsbischof zu melden [...]. Kein Priester sollte dem Täter eines solchen Verbrechens jemals die Absolution erteilen, bevor sich dieser der Strafverfolgung gestellt hat.« (§16)

Auch wenn für viele Orthodoxe Homosexualität ein Tabuthema bleibt, findet das Dokument deutliche Worte gegen eine Kultur des Hasses: »Die Kirche versteht die menschliche Identität jedoch so, dass sie in erster Linie nicht in der Sexualität oder in einer anderen privaten Eigenschaft liegt, sondern vielmehr im Bild und Gleichnis Gottes, wie es uns allen gegenwärtig ist. Alle Christen sind aufgerufen, stets im andern das Bild und Gleichnis Gottes zu suchen und sich jeder Form der Diskriminierung ihrer Nächsten, ungeachtet der sexuellen Orientierung, zu widersetzen.« (§19)

In der Orthodoxie gibt es »keine dogmatischen Einwände gegen die Verwendung von sicheren und nicht-abtreibenden Verhütungsmitteln im Kontext des Ehelebens« (§24). Selbstkritisch ermutigt der Text zur Überwindung alter Vorurteile über die Reinheit des weiblichen Körpers und ermutigt zum Wiederaufleben des Frauendiakonats (§29) und zu einer stärkeren Beteiligung der Frauen im Leben der Kirche überhaupt.

Die Streben nach sozialer Gerechtigkeit wird nicht lediglich als Ethos, sondern als »ein notwendiges Mittel zur Erlösung, der unverzichtbare Weg zur Vereinigung mit Gott in Christus« (§33) angesehen.

Der Dialog gehört zum Kern des christlichen Sozialethos, daher durfte die Ökumene aus diesem Dokument nicht fehlen. Die §§50–53 fassen die orthodoxe Position dazu zusammen, so wie sie im Konzil von Kreta artikuliert wurde. Mit starken Worten ermutigt man zum Dialog mit anderen Christen. Andere christliche Traditionen werden gewürdigt: Man spricht von »Mitdienern und Miterben des Reiches Gottes« (§52); aller nicht zu übersehenden dogmatischen Unterschiede zum Trotz sind alle christliche Gemeinschaften als »Verwandte« der Orthodoxie charakterisiert, »und ihre Liebe zu allen ist gleichermaßen uneingeschränkt« (§53). Auch die konfessionsverbindenden Ehen »sollten als Ausdruck für das gemeinsame Bemühen um die Verklärung der Welt und die Vereinigung mit Gott verstanden werden.« (§21) – theologisch starke Worte statt der üblichen problematischen Bipolarität von Orthodoxen und Häretikern.

Im Dokument werden die Menschenrechte sehr positiv betrachtet (s. z. B. §62); die Ökologie findet auch einen gewichtigen Platz (§75–76). Weitere Themen werden ebenfalls in mutiger Weise besprochen: das Leben als Single (ein für orthodoxe Kontexte sehr origineller Ansatz), die Armut, die Friedensethik, die Todesstrafe, oder der Dialog mit der Wissenschaft. Sehr harte Worte findet das Dokument gegen die Migrationspolitik westlicher Länder und der Vereinigten Staaten (§ 67), noch in der Zeit der Präsidentschaft von Donald Trump.

4. Bemerkungen

1. FLW fasst sozialethische Früchte anspruchsvoller orthodoxer akademischer Theologie der letzten Jahrzehnte zusammen. Dadurch hinterfragt es Stereotypen über die vermeintlich archaisch denkenden orthodoxen Kirchen und weist auf eine Theologie hin, die auch in der heutigen Welt sprachfähig sein kann, ohne ihre Verbindung zu einer jahrhundertealten Tradition zu verlieren. Aus mehreren Gründen ist diese Wahrnehmung des theologischen Potenzials der Orthodoxie im deutschsprachigen Raum – und in der deutschsprachigen Ökumene – nur mangelhaft präsent. Man verwechselt zu oft die Ebene der Theologie mit derjenigen der Kirchenpolitik und des Profils der einzelnen autokephalen Kirchen. Theologische Texte verdienen aber vor allem – und primär – eine theologische Würdigung.
2. Das Dokument entstand teilweise im Kontext einer griechisch-amerikanischen Diaspora-Theologie in der Tradition des Ökumenischen Patriarchats; gleichzeitig rezipiert und spiegelt es aber Sorgen und Prioritäten, die im theologischen Denken anderer orthodoxer Traditionen durchaus zu finden sind. Es steht nicht lediglich für die Tradition einer bestimmten autokephalen Kirche, sondern für eine Richtung im orthodoxen theologischen Denken, die in der großen Vielfalt der Orthodoxen Kirchen vertreten wird. Ökumenische Offenheit, Bereitschaft zum Dialog mit der Moderne, Verzicht auf antiwestliche Interpretationsschemata und nationalistische Vergangenheitsverklärungen, eine Schwerpunktsetzung auf die Eucharistie und die Eschatologie gehören zu den wichtigsten Merkmalen dieser Richtung.
3. Die Entstehung des Textes spricht für eine nicht selbstverständliche, aber doch gelungene Zusammenarbeit zwischen Academia und den Synodalgremien einer orthodoxen Kirche. Das Ökumenische Patriarchat hat Akademikerinnen und Akademikern viel Freiheit und institutionelle Mittel gewährleistet, damit sie theologische Arbeit leisten: Kaum unmittelbare bischöfliche Aufsicht beim Entstehungsprozess; den Vorsitz der Kommission hatte ein Diakon; Bischöfe mussten sogar der Arbeit der Kommission in vielerlei Hinsicht dienen. Konstantinopel hat in den letzten Jahren viele Beispiele einer großen Öffnung der akademischen Theologie gegenüber gegeben. Gleichzeitig betrachtet man, dass das

Ökumenische Patriarchat das große theologische Potenzial seiner Eparchien in der ganzen Welt wahrnimmt und nutzen möchte: die Kirche von Konstantinopel ist nicht nur der Phanar. Auf der anderen Seite gibt es orthodoxe Kirchen, in denen die akademische Freiheit unterdrückt, wenn nicht richtiggehend verfolgt wird. Die Wertschätzung und Förderung akademischer Theologie und die internationale Vernetzung orthodoxer Akademikerinnen und Akademiker über die Grenzen der eigenen autokephalen Kirchen hinaus stellt eine der größten und doch immer noch unterschätzten Herausforderungen für die Orthodoxie von heute dar.

4. Das gerade vorgestellte Dokument hebt selbst seinen in via Charakter hervor. Auf dem Weg zu einem Sozialethos der Orthodoxen Kirche gibt es noch viele klärungsbedürftige Fragen. Schon im Text merkt man eine Ambivalenz bei der Wahrnehmung der Moderne und von Säkularisierungsprozessen; man darf sich fragen, inwieweit naturrechtliche Argumente oder Denkschemata der byzantinischen Theologie für die theologische Würdigung von Herausforderungen der heutigen Welt ausreichen; oder inwieweit die Hervorhebung von Begriffen wie Fall und Sünde, wenn es um die Erklärung der Komplexität dieser Herausforderungen geht, doch am Ende zu unterkomplexen Deutungsschemata führt. Man darf sich in so einem Dokument noch mehr Ökumene wünschen, auch wenn gerade heute eine weitere ökumenische Öffnung der Orthodoxie nur sehr vorsichtig stattfinden kann, wenn man neue innerorthodoxe Spannungen vermeiden möchte.

5. Das Dokument wurde am Beginn der Pandemie veröffentlicht, daher konnte es nicht gleich die verdiente Beachtung finden. Einige negative Reaktionen kamen aus fundamentalistischen Kontexten, die, wie erwartet, ihre Kritik auf die Äußerungen des Textes über die Homosexualität und die Ökumene konzentriert haben. In polemischen Erwiderungen aus der slawischen Welt wurde die Offenheit des Dokumentes als Beweis der Dekadenz, wenn nicht sogar des häretischen Kurses des Ökumenischen Patriarchats missbraucht. Die akademisch-theologische Gemeinschaft hat dennoch den Text durchaus positiv beurteilt; an enthusiastischen Aussagen hat es überhaupt nicht gefehlt. Einige Stimmen, auch aus dem Bereich der Ostkirchenkunde, haben versucht, dieses Dokument als Ausdruck einer theologischen Elite einzuordnen, die für die Mainstream-Orthodoxie nicht repräsentativ ist, wobei man einen derartigen Mainstream-Begriff stark hinterfragen muss. Auf jeden Fall gilt die Förderung der Rezeption des Textes als wichtige Aufgabe für die Kirche von Konstantinopel.

Autonomie und Freiheit in ökumenischer Perspektive

Elisabeth Gräb-Schmidt, Tübingen

Zu den Themen, die gegenwärtig im Konzilstext und im Sozialethikpapier als Herausforderung gesehen werden, gehören die Würde und Freiheit des Menschen, die auch seine Handlungsmacht und Verantwortung in Gottes Schöpfung bestimmen. Zunächst steht damit die Anthropologie im Fokus, auch hinsichtlich gegenwärtig säkularisierter Bedingungen. So werden neben den aktuellen Themen von Krieg und Frieden, Wissenschaft und Technik, das Verständnis von Menschenrechten und Menschenwürde behandelt. Hier weisen die Konfessionen durchaus Gemeinsamkeiten auf. Solche Gemeinsamkeiten werden allerdings flankiert durch gewisse unterscheidende Pointierungen. Sie sollen neben den Gemeinsamkeiten im Folgenden ebenfalls Gegenstand der Betrachtung sein, um Weichen für einen ökumenischen Dialog stellen zu können. Zunächst soll daher 1. das Verständnis von Anthropologie entfaltet werden, welches für alle christlichen Traditionen das Leib-Seele-Verhältnis einschließt. 2. wird vor diesem anthropologischen Hintergrund das Autonomie- und Freiheitsverständnis – auch unter den Bedingungen der Säkularisierung – in christlicher Sicht beleuchtet werden. 3. werden Gemeinsamkeiten und Unterschiede untersucht, wie sie sich vor allem durch spezifische Akzentuierungen des Anthropologie- und Freiheitsverständnisses ergeben. 4. wird dieses in ökumenischer Sicht betrachtet, das 5. zur Bedeutung der Frage des Synergismus führt.

1. Anthropologie in christlicher Sicht: Zum Leib-Seele Verhältnis

Ich möchte zunächst eine Konturierung des reformatorischen Verständnisses des Menschen und seiner Freiheit vornehmen, um Gemeinsamkeiten und mögliche Unterschiede herauszustellen, die dann ihrerseits darauf hin zu überprüfen wären, ob diese gegebenenfalls bloß unter eine

»methodische Differenz« zu zählen sind, die die Einheit im Glauben als Zielbestimmung des Gesprächs unangetastet lässt, beziehungsweise gegebenenfalls dieses Anzeigen und Diskutieren einer »methodischen Differenz« sogar ein gegenseitig vertieftes Verständnis des Eigenen ermöglicht.

An die Forderung der Beachtung des Leibes können m. E. alle christlichen Konfessionen anknüpfen. Sie können dieses Verständnis auch kritisch wenden gegen die neuzeitliche, aber ebenso gegen eine lange westliche Tradition der Missachtung des Leiblichen. Die Gefahr der Missachtung der Bedeutung des Leiblichen wird jedoch neuzeitlich potenziert, wenn der Leib mit dem Körper gleichgesetzt wird. Indem diese Gleichsetzung auch ein mechanistisches Missverständnis des Leib-Körpers befördert, die den Körper zur bloßen Hülle des vernünftigen Menschen degradiert hat, hat dieses Missverständnis zugleich eine dualistische Sicht des Menschen befördert, welche die Vernunft als höheres Vermögen über den Körper gesetzt hat.

Gegenwärtig zeitigt eine solche dualistische Vorstellung nach wie vor vor allem auf dem Feld der Ethik problematische Konsequenzen, wenn es um die sogenannten Ränder des Lebens geht, sei es für den Menschen als Embryo am Beginn, sei es für den Menschen mit Demenz am Ende des Lebens. Gerade diese Ränder menschlichen Lebens rücken die Beschränktheit und Defizienz einer Sicht des Menschen in den Blick, welche die Leiblichkeit des Menschen missachtet und in ihr nur eine körperliche Hülle sieht.

Eine biblische Sicht, wie sie Martin Luther ins Gedächtnis ruft, folgt weder einer Abwertung des Leibes noch einem mechanistischen Körperverständnis. Luther begreift die Leiblichkeit des Menschen als eine den ganzen Menschen, auch seine Vernunft, umschließende.[1] *Caro* und *spiritus*, Fleisch und Geist, oder *corpus* und *animus*, Leib und Seele, bilden eine Einheit.[2] Diese Einsicht Luthers ist tragender Pfeiler seiner Anthropologie, die zu einer Kritik des Menschen, wie er durch die aristotelische Vermögenspsychologie bestimmt wird, führt. Die Hierarchisierung der unterschiedlichen Konstituenten des Menschen, des leiblich-niedrigeren, des psychischen und des geistig-rationalen, höheren Vermögens, ist nach reformatorischer Sicht kritikpflichtig.[3]

---

[1] Vgl. Martin Luther, Scholae: Psalmus XXXV. [XXXVI.], WA 3, 203,18f.: »[...] caro et anima sunt unus homo [...]«.

[2] Vgl. dazu Reinhard Schwarz, Vorgeschichte der reformatorischen Busstheologie, Berlin 1968, 261f.

[3] Aber nicht nur in der Theologie und in der Philosophie wird die Frage der Leib-

Von Verantwortung des Menschen kann nur dann angemessen gesprochen werden, wenn genau die Reichweite und Kraft der menschlichen Vermögen bestimmt werden kann. Auf diese Reichweite hat die Bestimmung des Leib-Seele-Verhältnisses entscheidend Einfluss. Diese ist damit für die Frage des Lebens in der Welt und für die Gestaltungsaufgabe der Welt nicht außer Acht zu lassen. Jedoch, auch wenn Einigkeit unter den christlichen Positionen bezüglich der Bedeutung des Leiblichen besteht, könnte es sein, dass sich Unterschiede im innerchristlichen Verständnis bezüglich der Reichweite der Vermögen des Menschen ergeben, die sich vor allem im Freiheits- und Sündenverständnis konzentrieren. Zumindest in den ökumenischen Bemühungen um die Rechtfertigung mit der römisch-katholischen Kirche, wie es nicht zuletzt in den Auseinandersetzungen zur Gemeinsamen Erklärung zur Rechtfertigungslehre Ende des vorherigen Jahrhunderts deutlich wurde,[4] hat sich gezeigt, dass hinsichtlich der Vernunft und Freiheit eine unterschiedliche Sicht des Menschen waltet, und diese resultiert aus der unterschiedlichen Wahrnehmung der Leibbestimmtheit des Menschen.

Bevor wir eine ökumenische Vergleichsperspektive einnehmen können, sei jedoch ein Blick auf das Verständnis der Autonomie und Freiheit des Menschen unter den Bedingungen der Säkularisierung zu werfen, wie es auch im Text des Konzils,[5] dort in der Enzyklika, und im Sozialethikpapier »Für das Leben der Welt«[6] gefordert ist.

---

lichkeit heute kritisch gegen ein allein an der Vernunft orientiertes Verständnis des Menschen gewendet (Vgl. Emmanuel Alloa (Hrsg.), Leiblichkeit: Geschichte und Aktualität eines Konzepts, Tübingen 2012). Auch in der Philosophie des Geistes und besonders in den neurobiologischen Wissenschaften gewinnt dieses Verhältnis große Bedeutung. Die ganzheitliche Sicht des Menschen ist es mithin, die in der Gegenwart auf allen Gebieten – von der Alltagswelt, der Psychologie und der Philosophie bis hin zur Biologie und Medizin – in das Zentrum der Untersuchungen rückt.

[4] Lutherischer Weltbund/Päpstlicher Rat zur Förderung der Einheit der Christen, Gemeinsame Erklärung zur Rechtfertigungslehre, Frankfurt a. M. / Paderborn 1999.
[5] Synodos, Die offiziellen Dokumente des Heiligen und Großen Konzils der orthodoxen Kirche (Kreta, 18.–26. Juni 2016), Bonn 2018, 20–41 und 67–70.
[6] Für das Leben der Welt, Auf dem Weg zu einem Sozialethos der orthodoxen Kirche, übers. u. hrsg, von Barbara Hallersleben u. a.; Münster 2020.

2. Autonomie und Säkularisierung im Lichte des christlichen Glaubens

Als unter Bedingung der Säkularisierung stehend werden in den Dokumenten des Heiligen und Großen Konzils von Kreta die gegenwärtigen Herausforderungen benannt, zu denen zuvorderst die Autonomie gehört. Autonomie wird hier kritisch betrachtet, insofern sie mittels »der Ideologie« der Säkularisierung Kirche fälschlich mit Konservativismus identifiziert und dementsprechend diese als Hindernis nicht nur für den gesellschaftlichen Fortschritt, sondern Freiheit und Autonomie meint gegen Gott und die Kirche behaupten zu müssen.[7]

Dagegen stellt der Konzilstext klar, dass es ein Missverständnis christlicher Tradition sei, ein kritisches Verständnis von Autonomie gegen Freiheit und Autonomie in der christlichen Tradition als solche zu wenden: »Die Identifizierung der Kirche mit einem Konservativismus, der unvereinbar ist mit dem Fortschreiten der Zivilisation, ist willkürlich und unangemessen, denn das Bewusstsein der Identität der christlichen Völker trägt das unverkennbare Siegel des Beitrags der Kirche nicht allein zu ihrem kulturellen Erbe, sondern auch ganz allgemein zu einer positiven Entwicklung der Zivilisation als solcher, denn Gott hat den Menschen eingesetzt als Hüter der göttlichen Schöpfung und als seinen Mitarbeiter in der Welt.«[8] Es wird hier der Auftrag zur Weltgestaltung als dem christlichen Leben gemäß festgehalten, zu der auch die moderne Wissenschaft und Technik gehört.[9] Diese Forderung der Weltgestaltung auch unter säkularen Bedingungen ist eine Gemeinsamkeit der Auffassungen der reformatorischen und orthodoxen Kirchen, (die beide den Gestaltungsauftrag des Gemeinwesens als ihre Pflicht begreifen). Diese Aufgabe schließt den ökologischen Auftrag, die Orientierung an Menschenrechten, an Menschen-

---

[7] Synodos (s. Anm. 5), Enzyklika, 29.
[8] A. a. O., 30.
[9] Im Sozialethikpapier »Für das Leben der Welt« (s. Anm. 6) wird in Abschnitt III §§ 21–26, Der Lauf des menschlichen Lebens, beim Thema über Ehe und Lebensformen, die hermeneutische Ebene herausgefordert. Diese sind auch Gegenstand gemeinsamer Verstehensbemühungen. Hier sind zunächst auch exegetische Einsichten zu kommunizieren, aber auch kulturelle Hintergründe und nicht zuletzt traditionsbezogene zu berücksichtigen. Aufgrund dieser vielfältigen Verflechtungen, die erst langsam Diskussionsprozesse in Gang setzen müssen, habe ich dieses Thema nicht konkret in Angriff genommen. Das bleibt aber als Thema eine Herausforderung, ebenso wie zuvor die Konturierung des Öffentlichkeitsauftrags von Theologie und Kirche im Rahmen des Politischen.

würde, an Frieden und Gerechtigkeit als Beitrag christlicher Gestaltung in der Welt ein.

An der Freiheit des Menschen sind also alle christlichen Konfessionen interessiert. Es ist aber die Frage, wie diese zu bestimmen, zu gewinnen und zu erhalten ist, und ob und wie sie als Autonomie zu verstehen ist. Weltgestaltung setzt Handlungsfreiheit voraus. Dazu gehört auch ein gewisses Verständnis von Autonomie. Für Letztere ist es wesentlich, dass es eine Gemeinsamkeit des reformatorischen und orthodoxen Verständnisses ist, dass diese im Lichte der Schöpfung und unseres Schöpfungsauftrags als Geschöpf zur Verantwortung verpflichtet. Verantwortung der Weltgestaltung erfordert dabei immer, das Verhältnis ethischer und technischer Freiheitsweisen zu betrachten und einander zuzuordnen. Hier wird es im Blick auf die moderne Wissenschaft ein Gemeinsames sein, dass einer blinden Fortschrittsdynamik moderner Technologien Einhalt zu bieten ist und dass die ethischen Ziele auch die technischen Entwicklungen bestimmen sollen.[10] Gerade im Lichte und der Aufgabe der Erhaltung menschlicher Freiheit gilt dies. Um so mehr wird dann näher zu betrachten sein, wie diese Freiheit als Autonomie zu verstehen ist.

Jedenfalls soll Freiheit als Handlungsfreiheit eine sein, die sich in Wissenschaft und Technik, in Politik und Wirtschaft und auch in der Frage der Lebensgestaltung insgesamt ethisch bewähren soll. Wird dies jedoch als Autonomie bezeichnet, dann ist hier die Reichweite der Verantwortung und Freiheit im Blick zu behalten. Ist Autonomie eine Freiheit des sich selbst setzenden und unabhängig agierenden Subjekts, das Freiheit als Unabhängigkeit und Voraussetzungslosigkeit, als Autarkie begreift? Oder ist Freiheit zu verstehen als eine dem Menschen verliehene, mittels derer er herausgerufen und herausgefordert ist, seinen Beitrag zur Wohlordnung des Lebens in der Welt, in der Gesellschaft und Kultur zu leisten? Wenn etwa gesagt wird: »Die orthodoxe Kirche stellt gegen den heutigen ›Menschen-Gott‹ den ›Gott-Menschen‹ als das letztgültige Maß aller Dinge«,[11] dann wird das von keiner christlichen Konfession angezweifelt werden. In Rückbezug auf Johannes Damascenus wird hier in der Enzyklika ein gemeinsam geteiltes Glaubensgut ausgesprochen, dass bei aller Handlungsfreiheit des Menschen es immer Gott bleibt, dem diese verpflichtet bleibt. Grundlage ist daher immer ein relationales Verständnis von Freiheit, das eine absolute Autonomie begrifflich infrage stellt.

---

[10] Für das Leben der Welt (s. Anm. 6), Abschnitt VIII, bes. §§ 71, 72, 107–110.
[11] Synodos (s. Anm. 5), Enzyklika, 30.

Dies hebt allerdings die menschliche Verantwortung keineswegs auf. Aus der kritischen Dimension der Schöpfungswirklichkeit folgt, dass Freiheit ihren Anhalt in unserer Berufung findet, »einer Königsherrschaft zu dienen, die nicht von dieser Welt ist (Johannes 18,36)«,[12] die aber gleichwohl diese Welt gestalten soll. Sich dafür einzusetzen ist die Aufgabe von Christen. Diese Aufgabe gehört zu seiner Freiheits- und Verantwortungsfähigkeit.

Inwiefern diesbezüglich ggf. konfessionelle Kontroversen auftreten können, soll im Folgenden untersucht werden.

3. Gemeinsamkeiten und Unterschiede – Spezifische Akzentuierungen des Anthropologie- und Freiheitsverständnisses in orthodoxer und reformatorischer Sicht

Eine gemeinsame Überzeugung aller christlichen Kirchen ist es zwar, dass der Mensch in die Mitverantwortung und Mitgestaltung der Schöpfung gerufen ist. Kontrovers bleibt allerdings die Frage, wie diese vorzustellen ist. In dieser Frage geht es m. E. auch darum, nicht nur die Vernunft, sondern die Leiblichkeit des Menschen ernst zu nehmen. Für Luther ist nach seiner *Disputatio de homine*[13] entscheidend, dass der ganze Mensch, einschließlich seiner Vernunft, nach dem Fall der Sünde der Gewalt des Teufels unterworfen ist (Thesen 22, 24 und 25).[14] Aus dieser Macht kann er sich nicht durch sich selbst befreien, sondern nur durch den Glauben an Jesus Christus (These 23).[15] Aus eigenen Kräften kann der Mensch Gottes Gnade daher gerade nicht verdienen (These 27).[16] Luther bestreitet damit die formative Kraft der Vernunft für den Menschen. Der Mensch ist bei Luther gefasst als reine Materie. Das betrifft auch seine Vernunft, die Luther nicht als *forma corporis*, sondern – veranschaulicht anhand der aristotelischen Vermögenspsychologie – als »pure Materie« begreift. Die Form wird allein durch Gott in der Gottesbeziehung gestiftet.[17] Nur in dieser gewinnt der Mensch seine Essenz.

[12] Für das Leben der Welt (s. Anm. 6), Abschnitt IX, § 80, 118f.
[13] Martin Luther, De homine, WA 39/I.
[14] Vgl. a. a. O., 176,10f. 14ff. 17ff.
[15] Vgl. a. a. O., 176,12f.
[16] Vgl. a. a. O., 176,22f.
[17] Vgl. hierzu Gerhard Ebeling, Das Leben – Fragment und Vollendung. Luthers Auffassung vom Menschen im Verhältnis zu Scholastik und Renaissance, in: ZThK 72, Tübingen 1975, 327f.

Die Rede von einem bleibenden Rest, an den die Taufgnade anknüpfen kann, geht dann ins Leere.[18] Auch eine *gratia infusa*, eine eingegossene Gnade – so gegen die römische Kirche – kann die Vernunft daher nicht ihrer abgeleiteten Stellung entheben. Die Vernunft hat keine Kraft über den Willen. Das wäre aber Voraussetzung für ein solches Anknüpfen der Taufgnade. Das ist der springende Punkt gegen die römische Lehre. Denn da der Mensch und d.h. gerade auch seine Vernunft kein formatives Vermögen besitzt, darum kann er sich nicht willentlich auf das Gute beziehen, sondern er ist Sklave seiner Affekte. Das ist die anthropologische Konstitution. Nach dem Sündenfall kann die Gottesbeziehung nur durch Jesus Christus als Mittler wiederhergestellt werden. Es ist dabei Christus, dessen Werk – konkret die Rechtfertigung – dafür sorgt, dass die Gnade in uns wirksam werden kann.

Nach Luther gilt daher: Nicht der Vernunfterkenntnis, sondern der Erkenntnis aus der Begegnung mit dem biblischen Wort ist demnach zu entnehmen, dass der Mensch Gottes Geschöpf ist, dass er leib-seelische Einheit ist und dass er ohne Sünde zum Ebenbild Gottes geschaffen ist, so These 21 der *Disputatio de homine*.[19] *Cooperator Dei* ist der Mensch nicht aufgrund seiner Leistung, aufgrund eigener Gerechtigkeit, durch die er an seinem Heil mitwirken könnte, sondern aufgrund des Heilswerks Christi als Gabe, die ihn hineinnimmt in den Herrschaftsbereich der Gerechtigkeit Gottes.

Damit tut sich aber ökumenisch betrachtet ein kontroverser Punkt auf. Welche Vorbehalte lassen sich seitens lutherischer Theologie diesbezüglich gegenüber einer vorschnellen Übereinstimmung benennen? Schauen wir noch einmal auf Luthers Beschreibung dieses Sachverhalts. Aus der Klärung der anthropologischen Grundlagen ergibt sich, welche Gemeinsamkeiten und ggf. Unterschiede in der Frage der Autonomie und der Bestimmung ethischen Handelns zu berücksichtigen sind.

Für Luther gilt: Die Gnade verleiht uns keine Disposition zum Guten. Sie macht uns nicht zu besseren Menschen, so dass wir nun aus eigener Kraft das Gute aus uns tun könnten. Die Gnade ist keine, die uns substanziell bestimmt. Für die Vernunft heißt das also nicht, dass sie durch die Gnade den aristotelischen Fähigkeiten entsprechen kann, und ebenso wenig ändert sich das Vermögen des Willens. Die Gnade eröffnet uns viel-

---

[18] Für Luther ist die Sünde nicht akzidentiell, sondern substanziell. Vgl. Thesen 13 und 14 in Martin Luther, Die 4. Thesenreihe über Römer 3, 28, WA 39/I, 84f.

[19] Vgl. Luther, De homine (s. Anm. 13), 176,7 ff.

mehr die Möglichkeit, uns je und je einzulassen auf gegebene Bedingungen, zu antworten auf die Erfordernisse der Situation. Sie bestimmt uns aktuell. Jesus Christus ist insofern »wahrer Mensch«, da er diese Gottesbeziehung abbildet, welche die Dispositionalität des Menschen, den eigenen Willen, ganz im Willen Gottes gegründet sein lässt. Das drückt die adäquate Haltung des Menschen als Ebenbild Gottes aus. Der Mensch erhält diese aber allein durch christologische Vermittlung.

Nach orthodoxer Vorstellung veranschaulicht auch Maria diese Gottebenbildlichkeit. Indem sie »Vorbild des wahren Gehorsams« ist, entspricht sie der adäquaten Gottesbeziehung. Es wäre dann die Folgefrage, ob die mariologische Haltung auch für ein reformatorisches Verständnis und damit dieses auch für die Vorstellung eines sogenannten Synergismus geöffnet werden kann, etwa insofern die Haltung Marias das reine Empfangen der Gnade betont, durch die die rechte glaubensgemäße Einstellung vollzogen wird. Anfragen an Luthers Anthropologie wären von daher jedenfalls daraufhin zu konkretisieren, was es heißt, im Blick auf den Vollzug des heiligenden Werks der Gerechtigkeit sowie der eigenen Bereitschaft, uns – wie Maria – der Gegenwart Gottes zu übergeben, und damit auch die Frage, wie es zur Bereitschaft zum Gehorsam gegenüber dem Gesetz kommt. Mit Ersterem wäre m. E. der kritische Punkt der Werkgerechtigkeit berührt, mit Letzterem die Frage nach der Konstitution des Willensvermögens. Beide beziehen sich auf den kritischen Punkt des lutherischen Verständnisses der Freiheit, den Vorwurf, einen Quietismus zu befördern. Und daran anschließend wäre es die Frage: Ist hier ggf. die Denkfigur des Synergismus (einschließlich der *Theosis*) nicht doch die der Wirkung der Gnade Gottes angemessenere Form? Dieser Frage wollen wir noch ein wenig näher nachgehen in einer genauen Betrachtung des Freiheitsverständnisses im konfessionellen Vergleich.

4. Zum Freiheitsverständnis in ökumenischer Sicht

Im Blick auf den Herrschaftswechsel der Vernunft und des Willens des Menschen kommen die westlichen und östlichen Vorstellungen zunächst einander nahe. Das zeigt sich bei Stăniloae, wenn er in seiner Dogmatik in Anlehnung an Paulus sagt, es handle »sich nicht nur um den Tod unseres alten, sündigen Menschen, sondern um unser Sterben als Subjekt überhaupt, damit Christus als Subjekt in uns lebe (Gal 2,20). Doch ich selbst bin in Christus. Er hat sich zum inneren Subjekt meines Subjektes gemacht, ohne dass ich aufgehört hätte, in ihm als Subjekt zu leben«[20]. Hier ist m.E. ein entscheidender Punkt zu nennen, der gerade auch das reformatorische Freiheitsverständnis, das sich neuzeitlich bewähren soll, zum kritischen Nachdenken bewegen muss. Der Logos wird nach orthodoxem Verständnis zu einem Mit-Subjekt des Willens.[21] Dieser Logos ist umfassend, den Menschen und den Kosmos miteinbeziehend. Er verwandelt den Menschen und zieht ihn in die unvergängliche Wirklichkeit Gottes hinein. Die Wirkung Gottes wird dabei als so kraftvoll dargestellt, dass sie auch den Willen des Menschen wieder ausrichtet. Lutherisch gilt hingegen: der Logos wird nicht zum Mitsubjekt, sondern zum Subjekt des Willens. Zu klären ist also, was nach lutherischem Verständnis der Unterschied ist, und ob bzw. wie sich auch lutherisch in dieser Konsequenz Handlungsfreiheit erhalten lässt.

Für beide Auffassungen ist wesentlich: Die Gotteserkenntnis gibt dem Menschen eine neue Herzensstellung, sie verwandelt seine Affekte. Während es bei Luther um die Klärung der Willensfrage – orientiert an der abendländischen Vernunftnatur, der *ratio* – geht, wird im orthodoxen Verständnis auf die *physis* des neuen Menschen, seine Beschaffenheit, geschaut. Die Sünde wird als physische Verstrickung und Todverfallenheit aufgefasst, die durch das Heilsereignis des Christusgeschehens aufgehoben wird, indem der Mensch am Logos Gottes wieder Anteil gewinnt. Dies kennzeichnet die neue Schöpfung.

Für das orthodoxe Verständnis gilt im Anschluss an Johannes Damascenus die Vorstellung der Angleichung des Menschen an Gott: »Deshalb besteht das Leben eines Menschen in der ›*Angleichung an Gott in den Tugenden, soweit das für einen Menschen möglich ist*‹«.[22] Im Machtbereich des Logos kommt es zur Vergöttlichung der Physis des Menschen durch Anteilgewinnung am Logos. Im Anschluss an Athanasius wird die so beschriebene Entfaltung des Ebenbildes Gottes als Vergöttlichung als *Theosis* verstanden: »Denn er selbst wurde Mensch, damit wir vergöttlicht

---

[20] Vgl. Dumitru Stăniloae, Orthodoxe Dogmatik, Bd. II., Ökumenische Theologie 15, Zürich 1990, 273.

[21] So Stăniloae, wenn er in seiner Dogmatik in Anlehnung an Paulus sagt, es handle »sich nicht nur um den Tod unseres alten, sündigen Menschen, sondern um unser Sterben als Subjekt überhaupt, damit Christus als Subjekt in uns lebe (Gal 2,20). Doch ich selbst bin in Christus. Er hat sich zum inneren Subjekt meines Subjektes gemacht, ohne dass ich aufgehört hätte, in ihm als Subjekt zu leben« (ebd.).

[22] Zitiert nach: Rudolf Uertz/Lars Peter Schmidt (Hrsg.), Die Grundlagen der Russisch-Orthodoxen Kirche über die Würde, die Freiheit und die Menschenrechte (Auslandsbüro der Konrad-Adenauer-Stiftung e.V.), Moskau 2008, 12.

würden«.[23] Vergöttlichung ist dabei zu verstehen als Herausgerissenwerden aus dem Sündigen in eine neue Schöpfung. Freiheitsakte sind dann aber auch nach orthodoxem Verständnis – obwohl menschlichem Handeln zugeschrieben – nicht eigene Leistungen,[24] sondern werden mit der Buße als schöpferischem Wandel des Lebens erwirkt. So ist auch auf orthodoxer Seite eine Werkgerechtigkeit durchaus ausgeschlossen.[25] Dies wird unterstrichen durch das Zitat von Basilius dem Großen: »So auch ich, wenn auch unwürdig [...] ganz in der Macht der Sünde verbleibend und den Verführungen erlegen, [...] dennoch als Dein Werk und Deine Schöpfung, bin ich wegen meines Heils nicht verzweifelt, ich Sünder, wende mich an Dich und erdreiste mich, auf Deine grenzenlose Barmherzigkeit zu hoffen«[26]. Eigenwillentlich ist also auch aus orthodoxer Sicht das Sündigen nicht zu verhindern, denn es gilt: »Die Sünde stellt die Hierarchie der Beziehungen in der Natur des Menschen auf den Kopf«.[27] Es herrscht – wie in Luthers Verständnis der Sünde – ein Verblendungszusammenhang, der nicht eigenmächtig zu überwinden ist. Aus ihm muss man befreit, herausgerissen werden.[28]

Auch reformatorisch ist von einem Herrschaftswechsel in Bezug auf das Subjekt die Rede. Darin kommt aber nicht nur eine radikale Vorgängigkeit des Handelns Gottes zum Ausdruck, die die Gesamtausrichtung des Handelns bestimmt, sondern – und das ist ein entscheidender Punkt – auch eine veränderte Subjektkonstellation. Es kommt reformatorisch zu einem vollkommenen Herrschaftswechsel auf der Subjektebene. Der Logos wird hier nicht zum Mit-Subjekt des Willens, sondern zum (alleinigen) Subjekt. Dies hebt menschliche Freiheit aber nicht auf. Das klingt paradox. Zu berücksichtigen ist daher das Freiheitsverständnis, das das menschliche Subjekt bestimmt. Freiheit resultiert nicht in einer eigenen Willensbekundung und eigenen menschlichen Anstrengungen, sondern sie wird her-

---

[23] Athanasius, Über die Menschwerdung des Logos, 54, 11, in: Athanasius: De Incarnatione Verbi: Einführung, Übersetzung, Kommentar. Von E. P. Meijering (in enger Zusammenarbeit mit J. C. M van Winden), Amsterdam 1989, 357.
[24] Vgl. Karl Christian Felmy, Einführung in die orthodoxe Theologie der Gegenwart, Lehr- und Studienbücher zur Theologie 5, Berlin 2014³, 175.
[25] Vgl. hierzu Elisabeth Gräb-Schmidt, Freiheit und Selbsterkenntnis. Zur Bedeutung der Buße in der Anthropologie Luthers, in: ThLZ 143 (2018) 6, 571–588.
[26] Zitiert nach: Uertz/Schmidt, Grundlagen, 14.
[27] Vgl. Uertz/Schmidt, Grundlagen (s. Anm. 22), 12.
[28] Vgl. hierzu Gerhard Ebeling, Sündenblindheit und Sündenerkenntnis als Schlüssel zum Rechtfertigungsverständnis, in: Ders., Lutherstudien, Bd. III. Begriffsuntersuchungen – Textinterpretationen – Wirkungsgeschichtliches, Tübingen 1985, 258–310.

vorgerufen durch eine Erfahrung, die ineins, eine Forderung und eine Ermächtigung, auf diese Forderung zu antworten, in sich enthält. Beide, Gottesbeziehung und Willensvermögen, gehören für Luther zusammen. M. a. W. Freiheit (und mithin auch das Subjekt in eigentlichem Sinne) existiert nur in der Gottesbeziehung. Die Gottesbeziehung ist aber an die christologische Vermittlung gebunden, weil nur so die Sünde überwunden werden kann. Auf diesem Weg christologischer Vermittlung rückt die Gnade den Menschen in die angemessene Haltung des »Allein durch den Glauben«. Freiheit wird daher durch die Gnade nicht zur eigenen Möglichkeit, sondern sie vollzieht sich je und je in actu in der Begegnung mit dem lebens- und freiheitserschließenden Wort.[29] Der Glaube an Christus führt in die Relation zu Gott zurück, bzw. drückt diese Relation aus.

Für die Freiheit bedeutet das: Sie wird auf beiden Seiten, orthodox und reformatorisch, als Befreiungsgeschehen gesehen, wobei – auch dies gilt für beide, wenn auch in unterschiedlicher Weise – in die *physis* auch die *ratio* eingeschlossen ist. Offensichtlich wird auf beiden Seiten – reformatorisch und orthodox – das Barmherzigkeitshandeln Gottes als dem menschlichen Handeln vorhergehend angesehen. Das Befreiungsgeschehen wird dennoch unterschiedlich akzentuiert. Der kontroverse Punkt wird sichtbar in der Frage nach dem *Wie* des Zusammenwirkens von Gott und Mensch im Blick auf die menschliche Freiheit.

Für beide gilt: An der Freiheit des Menschen muss festgehalten werden. Der Ausschluss unserer Mitwirkung am Heil bedeutet auch reformatorisch keineswegs die Leugnung unserer Freiheit und Verantwortung als *cooperatores Dei*. Aber die Freiheit des Menschen soll auf ihre Voraussetzungsbedingungen hin durchsichtig gemacht werden. Dies erfordert eine genaue Bestimmung der Leistung der Gnade. Die Gnade lässt uns zwar auch lutherisch nicht unverändert. Aber die Gnade bewirkt keine substanzielle Veränderung der Vermögen. Was die Gnade bei Luther leistet, ist nicht die Stärkung der Vernunft und der Freiheit als Vermögen. Nicht substanziell oder akzidentell wird der Mensch besser, wie es in der römischen Lehre der Fall ist. Es geht bei der Gnade allein um die Wiederherstellung der Gottesbeziehung, die nun aber auch nicht zu einer *Theosis* führt wie in der orthodoxen Lehre.[30] Gerechtigkeit und Güte liegen nicht

---

[29] Dies wäre dann so zu erhalten, dass man sagt: nur in Jesus Christus ist die *imago* substantiell im Menschen akzidentell, das wären dann im Grunde die Bestimmungen, die durch die übernatürliche *imago* dem Menschen sozusagen als *gratia infusa* zukommen könnte.

[30] Eine substanzielle Veränderung hätte auch zur Konsequenz – das sieht Luther klar –

im Menschen selber als Vermögen, weder in seiner Vernunft noch in seiner Natur als Freiheit. Reformatorisch führt die Gnade daher nicht zu einer Besserung der Natur. Die Gerechtigkeit und Güte und mithin die Freiheit selbst, ist also nicht der Humanität zuzuschreiben, sondern sie liegt ganz im Vollzug der Gottesbeziehung in christologischer Vermittlung. Eine Mitwirkung am Heil hat allein Jesus Christus, eine solche auf Seiten des Menschen wird von Luther daher abgelehnt.

Dieses Auffassung betrifft die Frage des Synergismus. Hierauf möchte ich noch einen abschließenden Blick werfen.

5. Werkgerechtigkeit oder christliche Freiheit? Zum Mysterium des Synergismus

Im Unterschied zur reformatorischen wird in der orthodoxen Lehre von einem Zusammenwirken, einem *Synergismus*, ausgegangen, der zwar nicht durch den Menschen als Sünder, aber aufgrund der Theosis des Menschen möglich ist. Auch hier ist zu beachten: Der Synergismus wird falsch verstanden, wenn das Zusammenwirken als Eigenleistung, als Werk, gesehen wird. Hier gilt es sich vielmehr klarzumachen, wie in der orthodoxen Theologie ein solcher Synergismus als möglich erachtet wird und wie sich das auf die Vorstellung vom Heilswerk auswirkt. Das Zusammenwirken von Freiheit und Gnade wird nach Vladimir Lossky als Mysterium angesehen.[31] Mit diesem Begriff des Mysteriums ist zugleich eine unterschiedliche Erkenntnishaltung und eine damit verbundene unterschiedliche methodische Zugangsweise zur Bestimmung der Freiheit verbunden. So handelt es sich beim Synergismus um ein produktives Verschmelzen von Gottes Wollen mit unserem Willen. Wir können daher festhalten, dass auch nach orthodoxem Verständnis der Mensch nicht durch sich, nicht eigenwillentlich zur Freiheit gelangt. Das zeigt sich auch in den Ausführungen in »Für das Leben der Welt«, an der dort skizzierten Stellung der

---

dass der Mensch wiederum aufgespalten würde in einen höheren vernünftigen und einen niederen leiblichen Teil. Das aber widerspräche der biblischen Sicht des Menschen, der als ganzer mitsamt seinem Leib geistlich bestimmt sein soll, nicht nur seine Vernunft. Eine Abspaltung des Körpers ist nicht möglich. Das war Luthers tiefe Einsicht, die ihn auch auf anderen Gebieten ins Gericht mit der theologischen Tradition gehen ließ, sei es bezüglich der Askese oder eines besonderen heiligen Standes oder einer besonderen Ethik für die besonders Berufenen.

[31] Vgl. Vladimir Lossky, Die mystische Theologie der morgenländischen Kirche, Geist und Leben der Ostkirche I, Graz/Wien/Köln 1961, 252.

Maria.³² Sichtbar wird an Maria, dass der Synergismus nicht durch einen normativen Akt der Freiheit besteht, sondern durch die Liebe im Akt der Zuwendung sich vollzieht. Die Liebe kann auf besondere Weise jenes Mysterium, das der Synergismus darstellt, veranschaulichen. Denn gerade in der Liebe ist das Verhältnis von Eigenaktivität und Geschenk ein Mysterium. Dass dieses Verhältnis ein Mysterium ist, ist sogar wesentliches Kennzeichen der Liebe.³³

Nun können wir auch hier wieder eine Gemeinsamkeit festhalten. Denn Richtschnur der Entdeckung der Freiheit ist schließlich auch nach Luther die Liebe. Sie resultiert aus der Vereinigung mit Christus.³⁴ Des Weiteren löst sich bei Luther keineswegs die Freiheit des Menschen einfach in der Relationalität zu Gott auf. Sie behält ihren Ort im Menschen. Reformatorisch geht es auch darum, die menschliche Freiheit als Verantwortungsfähigkeit des Subjekts zu sehen. Sie ist zwar als passiv konstituierte zu begreifen, nichtsdestotrotz kann sie den Herausforderungen auch eines neuzeitlichen Verantwortungsverständnisses standhalten, das zwar Selbstbestimmung, nicht jedoch ein absolutistisches Autonomieverständnis fordert. Die Verantwortungsfähigkeit des Subjektes steht damit unter dem Vorzeichen, dass nicht die Güte unseres Handelns, sondern Gottes Gerechtigkeit in Jesus Christus Heil schafft, an dem wir durchaus im Handeln teilhaben.

So ist auch im reformatorischen Sinne von einer Aktivität auf Seiten des Menschen die Rede, zu welcher der Glaube befähigt. Der Glaube ermöglicht uns eine Freiheit der Lebensgestaltung. Doch für das reformatorische Verständnis des Glaubens ist Freiheit, das gute Handeln, eben an die christologische Vermittlung gebunden. Nur in Christus, d.h. nur im Glauben an unsere völlige Hingabe ereignet sich unser Mitwirken.

Der springende Punkt von Luthers Freiheitsverständnis in seinen Konsequenzen für die Heiligung zeigt sich also in der Bedeutung der christologischen Vermittlung. Für Luther ist nicht der Wille Initiator des Handelns, sondern eine affektive Bestimmung unserer Wahrnehmung. So war auch der Satz des Paulus in Röm 3,28 für Luther deswegen der Schlüssel zur Erkenntnis des Heils und der Erfahrung der Heilsgewissheit, weil sich ihm hier das Erlösungswerk Christi mitteilte, das Voraussetzung für die

---

[32] Vgl. Für das Leben der Welt (s. Anm. 6), Abschnitt I. §7, S. 21f.
[33] Vgl. Stăniloae, Orthodoxe Dogmatik II (s. Anm. 20), 245.
[34] Martin Luther, Epistola Lutheriana ad Leonem Decimum summum pontificem/ Tractatus de libertate christiana (1520), WA 7, 42–73.

Bestimmung der *conditio humana* ist, wie sie in der Gottebenbildlichkeit zum Ausdruck kommt.

Zentral im Blick auf die Frage des Synergismus bleibt also die unhintergehbare christologische Vermittlung. In Anschluss an CA IV ist es die menschliche Schuld, die den *Synergismus* ausschließt. Aber vergibt Gott nicht die Schuld? Ja, aber nach Luther ist dies kein einmaliger Akt, oder auch kein sich wiederholender Akt, sondern ein Vollzugsgeschehen. Rechtfertigung ist Vergebung der Schuld. Es gilt in diesen Prozess der Vergebung hineingenommen zu werden als Rückgang in die Erkenntnis und Vergegenwärtigung der Schuld. D.h. es hängt am Verständnis von Rechtfertigung, wie Freiheit zu verstehen ist. Rechtfertigung meint nicht Voraussetzung eines dann essentialistischen Verständnisses menschlicher Freiheit, sondern Rechtfertigung ist Ausdruck der Befreiung aus einem Schuldzusammenhang, der als solcher allein handlungsfähig im Sinne der Selbstbestimmung macht.

Freiheit ist Rückgang in die eigene Schuld und deren Überwindung durch die Vergebung. Der Rückgang in die Schuld kann nicht übersprungen werden, soll Freiheit wirklich werden. Der Rückgang in die Schuld und ihre Vergebung wird zur Bedingung freien Handelns bzw. sie ist deren Vollzug. Freiheit ist deswegen keine Eigenschaft und Vermögen, sie ist immer nur in actu des Glaubens an das Heilswerk Christi. Sie ist Vollzug angemessener Gottesbeziehung, die durch Christi Heilswerk je und je ermöglicht wird. Daran sind wir nicht durch Handeln, sondern im Glauben beteiligt. Es ist dieser Weg der Erkenntnis und der Anerkennung der Schuld, die eine »Mitwirkung« im Heilsgeschehen ausschließt. Diese Anerkennung der Schuld ist das negative Vorzeichen, ohne das Freiheit nicht wirklich wird. In ihm drückt sich die christologische Vermittlung unserer Freiheit aus.

So bleibt trotz grundlegender Übereinstimmungen die Frage nach dem Charakter der Freiheit und der Beteiligung des Menschen bestehen. Im *Sermon von den guten Werken*[35], im *Großen Katechismus*[36] mit seiner Erläuterung der Zehn Gebote und des Herrengebets und vor allem von Melanchthon im Anschluss an Luther wird hervorgehoben, dass die Gnade allein Gottes Wirken ist. So heißt es in CA VI: »Auch wird gelehrt, dass jener Glaube gute Früchte hervorbringen muss und dass man die von Gott gebotenen guten Werke tun muss wegen des Willens Gottes, nicht damit wir vertrauen, durch diese Werke die Rechtfertigung vor Gott zu verdie-

---

[35] Martin Luther, Von den guten Werken, WA 6, 196–276.
[36] Martin Luther, Der große Katechismus, WA 30/I, 123–238.

nen«.[37] Die Gnade wird uns so und darin zuteil, dass wir selbst erkennen: Was gut ist, das verdanken wir nicht uns, auch nicht einem durch die Gnade mitgewirktem Tun, sondern ganz allein dem Handeln Gottes, seinen Rechtfertigungshandeln, das zur Befreiung in Jesus Christus führt.

Eine Möglichkeit gegenwärtiger Annäherungen des orthodoxen und reformatorischen Freiheitsverständnisses wird sich jedenfalls einerseits auf das Geheimnis des *Synergismus* beziehen müssen und der Bestimmung der in ihm waltenden Beziehungskonstellationen und anderseits auf den Schuldzusammenhang und der Bedeutung der christologischen Vermittlung. Wie beides zusammen zu denken ist, muss in den ökumenischen Debatten reflektiert und debattiert werden. Neben der Verständigung auf ökumenischer Ebene ist es aber auch von Bedeutung aufzuzeigen, wo ein spezifisch christlicher Beitrag die gesellschaftlichen Herausforderungen in ethischer Sicht aufnehmen, präzisieren und konkretisieren könnte. Dies betrifft besonders gerade das Freiheits- und Autonomieverständnis. Auch diese Bereitschaft zur kritischen Zeitgenossenschaft gehört zum christlichen Auftrag der Weltgestaltung. Das kann eine Arbeit sein, die wir durchaus gemeinsam, sozusagen in ökumenischer Schlagkraft in und gegenüber dem säkularen Selbstverständnis in der Moderne zur Geltung bringen können. Diese doppelte Stoßrichtung, innerchristlich die ökumenischen Profile der jeweiligen Konfessionen zusammenzuhalten auf der einen Seite und auf der anderen Seite gegenüber der Gesellschaft gemeinsam als Anwälte des Christentums aufzutreten, sollte der ökumenische Dialog nicht vernachlässigen.

---

[37] Confessio Augustana, Art. VI, in: Die Bekenntnisschriften der evangelisch-lutherischen Kirche: herausgegeben im Gedenkjahr der Augsburgischen Konfession 1930, Göttingen 1998[12], 60,2–7: »Item docent, quod fides illa debeat bonos fructus parere et quod oporteat bona opera mandata a Deo facere propter voluntatem Dei, non ut confidamus per ea opera iustificationem coram Deo mereri.«

Die Autorinnen und Autoren

In der Reihenfolge der abgedruckten Beiträge:

Seine Allheiligkeit der Erzbischof von Konstantinopel-Neues Rom und Ökumenischer Patriarch Bartholomaios I. ist Ehrenprimas der weltweiten Orthodoxie.

Präses Dr. hc. Annette Kurschus war 2012–2023 Leitende Geistliche der Evangelischen Landeskirche von Westfalen und 2021 bis 2023 Vorsitzende des Rates der EKD.

Bischöfin Petra Bosse-Huber ist Vizepräsidentin des Kirchenamtes der EKD und Leiterin der Hauptabteilung für Ökumene und Auslandsarbeit.

Metropolit Dr. hc. mult. Augoustinos (Labardakis) leitet die Griechisch-Orthodoxe Metropolie von Deutschland und ist Exarch von Zentraleuropa. Er ist Vorsitzender der Orthodoxen Bischofskonferenz in Deutschland (OBKD).

Kirchenrat Pfarrer Dr. Joachim Vette war 2012–2024 Leiter des ökumenischen Bildungszentrums sanctclara (Mannheim) und leitet seit 2024 das Referat Personalförderung theologische Berufe der Evangelischen Landeskirche in Baden.

Erzpriester Dr. Georgios Basioudis steht der Kirchengemeinde Kreuzerhöhung (Mannheim) vor.

Prof. Dr. Konstantinos Delikostantis ist emeritierter Professor für Philosophie und Systematische Theologie an der Nationalen und Kapodistrias-

Universität Athen und Direktor des Ersten Patriarchalbüros im Ökumenischen Patriarchat.

PD Dr. Reinhard Flogaus ist Dozent für Kirchengeschichte und Fachvertreter für Kirchen- und Konfessionskunde/Ostkirchenkunde der Theologischen Fakultät der Humboldt-Universität zu Berlin.

Pfarrer Prof. Dr. Andreas Müller ist Lehrstuhlinhaber für Kirchen- und Religionsgeschichte des ersten Jahrtausends an der Christian-Albrechts-Universität zu Kiel.

Dr. Marina Kiroudi ist wissenschaftliche Mitarbeiterin am Seminar für Religionspädagogik in der Katholisch-Theologischen Fakultät der Universität Bonn.

Georgios Vlantis, M. Th., ist Geschäftsführer der Arbeitsgemeinschaft Christlicher Kirchen (ACK) in Bayern und Wissenschaftlicher Mitarbeiter der Volos Akademie für Theologische Studien (Griechenland).

Pfarrerin Prof. Dr. Elisabeth Gräb-Schmidt ist Seniorprofessorin für Systematische Theologie und Direktorin des Instituts für Ethik an der Evangelisch-theologischen Fakultät, Eberhard Karls Universität Tübingen. Sie ist Mitglied des Deutschen Ethikrats.

Universität Athen und Direktor des Ersten Patriarchalbüros im Ökumenischen Patriarchat.

PD Dr. Reinhard Flogaus ist Dozent für Kirchengeschichte und Fachvertreter für Kirchen- und Konfessionskunde/Ostkirchenkunde der Theologischen Fakultät der Humboldt-Universität zu Berlin.

Pfarrer Prof. Dr. Andreas Müller ist Lehrstuhlinhaber für Kirchen- und Religionsgeschichte des ersten Jahrtausends an der Christian-Albrechts-Universität zu Kiel.

Dr. Marina Kiroudi ist wissenschaftliche Mitarbeiterin am Seminar für Religionspädagogik in der Katholisch-Theologischen Fakultät der Universität Bonn.

Georgios Vlantis, M.Th., ist Geschäftsführer der Arbeitsgemeinschaft Christlicher Kirchen (ACK) in Bayern und Wissenschaftlicher Mitarbeiter der Volos Akademie für Theologische Studien (Griechenland).

Pfarrerin Prof. Dr. Elisabeth Gräb-Schmidt ist Seniorprofessorin für Systematische Theologie und Direktorin des Instituts für Ethik an der Evangelisch-theologischen Fakultät, Eberhard Karls Universität Tübingen. Sie ist Mitglied des Deutschen Ethikrats.

Petra Bosse-Huber
Konstantinos Vliagkoftis
Wolfram Langpape (Hrsg.)

Wir glauben an den Heiligen Geist

XVII. Begegnung im bilateralen theologischen Dialog zwischen der EKD und dem Ökumenischen Patriarchat (Konstantinopel XVII)

Beihefte zur Ökumenischen Rundschau (BÖR) | 130

176 Seiten | Paperback | 14,5 x 21,5 cm
ISBN 978-3-374-06724-4
EUR 38,00 [D]
eISBN (PDF) 978-3-374-06725-11
EUR 34,99 [D]

Der vorliegende Band dokumentiert die XVII. Begegnung im bilateralen theologischen Dialog zwischen der EKD und dem Ökumenischen Patriarchat und enthält alle Referate sowie das Kommuniqué der Tagung. Es werden Ansätze für eine ökumenische Pneumatologie entfaltet, im Rückgriff auf exegetische, patristische und liturgisch-theologische Erkenntnisse und die neuere systematisch-theologische orthodoxe und evangelische Literatur. Die Ergebnisse früherer Dialogtagungen finden darin eine weiterführende Aufnahme. Im Kommuniqué werden Konvergenzen, insbesondere in den Bereichen der Pneumatologie, Eschatologie und Ekklesiologie formuliert.